冲 突

周伟忠 著

北京日报出版社

图书在版编目(CIP)数据

冲突 / 周伟忠著. -- 北京 ： 北京日报出版社，
2020.8
ISBN 978-7-5477-3722-4

Ⅰ．①冲… Ⅱ．①周… Ⅲ．①冲突－研究 Ⅳ．
①B024

中国版本图书馆 CIP 数据核字 (2020) 第 128573 号

冲突

出版发行：北京日报出版社
地　址：北京市东城区东单三条 8-16 号东方广场东配楼四层
邮　编：100005
电　话：发行部：（010）65255876
　　　　　总编室：（010）65252135
印　刷：廊坊市国彩印刷有限公司
经　销：各地新华书店
版　次：2020 年 8 月第 1 版
印　数：2020 年 8 月第 1 次印刷
开　本：787 毫米×1092 毫米　　1/32
印　张：5.125
字　数：101 千字
定　价：48.00 元

推荐序

我们都需要建立一种冲突思维

本书——《冲突》是学林出版社 2002 年 8 月出版的《冲突论》的修订版。《冲突论》是本书作者周伟忠先生的开山之作，得到了当时社科理论界的积极响应。再经过十多年的理论与实践，今天的《冲突》对矛盾、冲突、事物发展，以及这三者之间关系的认识更加理性。

《冲突》值得我们关注，它能够激发人们对"矛盾规律"的兴趣，引发人们对事物发展的深度思考。《冲突》通过建立"冲突思维"这一哲学概念，将推动事物发展的矛盾及其发展规律清晰化、形象化，从而加深了人们对自然、社会、思维等领域各种文化现象的理解。

矛盾是一切客观事物发展的内在动力，矛盾发展决定了事物发展的性质和方向，而这一切表现为各种各样的冲突。那么，我们如何看待冲突？这是《冲突》所要论证的问题。

"冲突"是指由两种或者两种以上的文化相互接触所产

生的竞争，也指对抗的事物的发展过程或发展状态，其本质是人们对各种生存利益的争夺以及由此产生的思想对抗。冲突分为狭义和广义两种，前者针对矛盾的对抗状态，后者注重矛盾发展过程的文化带动。

本书作者通过充分阐述"冲突"与"矛盾"的关系、矛盾的发展，以及"冲突"的矛盾构成，建立起各种广义冲突的思维定式——冲突思维，其目的是让人们在各种错综复杂的自然、社会、思维的矛盾体系中，能够运用思维惯性快速地**形成有助于事物发展的客观、高效、稳定的文化关系**。正是这种文化关系将矛盾的原始野性，转化为推动事物发展的根本动力。

文化关系是不同文化之间的融合。文化是人与人之间共同的思维特征。文化的核心问题是人。有人才能创造文化。文化是人类智慧和创造力的体现。不同种族、不同民族的人创造不同的文化。人创造了文化，也享受文化，同时也受文化的约束，最终还会不断地改造文化。

我们既是文化的创造者，也是文化的享受者和改造者。人虽然要受文化的约束，但人在文化中永远是主动的。没有人的主动创造，文化便失去了光彩，失去了活力，失去了意义。既然文化如此重要，那么人们必然要追问文化的发展脉络和价值取向。

事实上，我们了解和研究文化，主要是观察和研究人的创造思想、创造行为、创造心理、创造手段及其最后的思维成果。可见，**冲突思维也必然表现成为一种值得研究的文化现象——体现在《冲突》中。**

狭义冲突是指消极的文化冲突状态，表现为不同形态的文化或文化要素之间相互抵触和相互排斥，它集中表现在人们对客观事物发展问题的分析角度、思维模型和评判标准的差异上。作者认为，狭义冲突的本质是矛盾的对抗状态，反映出矛盾内在的对立性、斗争性，以及外在的不可调和性，譬如，民族矛盾、阶级矛盾、信仰矛盾的激化状态。

社会发展最基本的发展理念是"以人为本"。"以人为本"是科学发展观的核心，任何人都有其生存的基本权利，任何人都必然要捍卫自己的生存权利。因此，我们应该正确理解狭义冲突的社会意义及其科学性，避免形成不必要的消极的文化冲突状态。然而，这一切有赖于人们树立正确的冲突观念，即建立广义和客观的冲突思维。

广义冲突包括积极的文化冲突和消极的文化冲突，以及二者的相互关系。它既反映出矛盾内在的同一性与斗争性，也反映出矛盾外在的普遍性、特殊性、不平衡性，以及**矛盾发展过程中的统一性。**

作者认为，广义冲突的本质是如何看待矛盾发展过程及其发展状态的理性思维，这一思维涵盖一切事物之间不协调、相互抵触、相反作用的内在发展动因以及外在制约因素，譬如，协调性冲突、兼顾性冲突、排除性冲突、和解性冲突等都是带动事物发展的矛盾及其运动的具体思维形式，表现为有关"冲突"的各种文化现象，**以此呈现《冲突》的社会意义。**

文化的精神带动功能体现在人类社会的文明状态上。文明是使人类脱离野蛮状态的所有社会行为和自然行为的集合。或者说，文明是人类有史以来沉淀下来的，有益于增强人类对客观世界的适应和认知，符合人类精神追求，能被绝大多数人认可和接受的人文精神、发明创造以及公序良俗的总和。因此，冲突思维的文化效应也必然有利于社会的文明发展。

作者认为，各种发明创造和各种文明的诞生也与冲突有关。众所周知，各种发明创造和各种文明都是适应人们的社会需求而产生的，而需求的提出就是一种冲突的反映，它表明人们在某些需求方面出现了"空缺"，出现了不平衡、不协调。各种科学技术的发明、各种文明的诞生正是克服、解决这些不平衡、不协调的产物。**由此彰显《冲突》的精神境界。**

建立"冲突思维"还需要人们的自觉意识

自觉是指内在自我发现、外在创新的自我解放意识，是人类在自然进化中通过内外矛盾关系发展而来的基本属性，是人的基本人格，是人一切实践行为的本质规律，它表现为人对自我存在的必然维持和发展。自觉意识的形成需要文化的带动，譬如，对人的培养与教育。

人们学习各种文化，可以学习到不同的思维方式，从而也能培养人们的自觉意识。譬如，学习数理化就需要不同的思维方式，而且以前就有"学好数理化，走遍天下都不怕"的学习理念。这种理念的形成，意味着人们的思想已经从自发走向了自觉。

在社会发展的大环境下，人们更要自觉地建立起各种各样的思维方式，譬如，互联网思维、创新思维、环境保护思维、"一带一路"经济全球化思维等。

需要明确的是，"一带一路"建设是中国实力、中国方式、中国文化带动世界发展的理论及其实践的带动体系。然而，我们所面临的是不同国家或地区、不同文化背景、不同精神信仰的各种物质、文化、精神的实际需求。而这背后必然存在着不同文化、不同意识形态之间的冲突。因此，建立能够解决各种矛盾的冲突思维是十分必要的。

冲突思维是一种思维定式，是具体的思维方式。这也就是思维惯性，表现为文化习惯。大家都有自己的"习惯"，而且对"习惯"也是能够理解的。譬如，茶文化、酒文化、企业文化等都是一种思维惯性或文化习惯，大家对这些都习以为常了。

思维惯性或文化习惯对一个人的发展能够起到至关重要的积极作用。习惯的力量是巨大的，它能够让人们有效地思考，去形成人的自我。习惯有多大能量？记得微信支付开始的时候，微信平台数以亿计地发红包，于是，人们在抢红包的同时，养成了微信支付的习惯。

美国作家杰克·霍吉在《习惯的力量》中说：我们每天高达 90% 的行为是出于习惯，就是说，倘若我们能看清并且改掉坏习惯，看清并且坚持好习惯，我们至少就能在人生路上得 90 分。

在人生的道路上有许多困难。有些人会在困难中迷失方向，丢掉机会。然而，那些有好习惯的人会在困难中学习，会在困难中进步。结合冲突思维，习惯的力量就是思维的力量。这将使人们在解决各种矛盾中，如鱼得水，游刃有余。这就是运筹帷幄，决胜千里。

习惯是逐渐形成、不易改变的行为。这是因为人们在思维深处刻记着一种矛盾发展的历史沧桑，这如同生命 DNA 的历史惯性一样，控制着人们生命的发展方向，只不过，冲突思维的积极意义在于有效地解决矛盾，从而推动事物发展。**这正是《冲突》所展示的自觉意识。**

进一步而言，建立冲突思维有助于我们在社会发展中形成带动事物发展的客观、高效、稳定的文化关系。这也是文化建设——包括文化的自我建设和人与人在冲突思维中对文化的共同建设。而建立冲突思维既反映出自身思想的文化境界，也反映出这一文化的社会意义。

这说明，由冲突思维所决定的文化的自我建设必然以追求文化的社会意义为目的，这就是追求文化共性。只有如此，才能促成不同文化之间相互认同，形成文化共建。文化建设既是建设物质文明的重要条件，也是提高人民思想觉悟和道德水平的重要条件。

社会意义就是社会发展的实践意义。广义的社会实践是讲人类认识世界、改造世界的各种活动的总和，即全人类或大多数人从事的各种活动，包括认识世界、利用世界、享受世界和改造世界等。可见，文化建设的目的就是形成文化关系的社会实践性。**这正是《冲突》的理论追求。**

《冲突》既是一种思维方式，同时也是一种思想武器，它将不同层次的矛盾、矛盾要素，按照不同的矛盾发展方式呈现出来。**这正是《冲突》的理论贡献及其实践作用。**

夜莺文化

2019 年 12 月 2 日

目 录

第一章　绪 论 1

　一、广义的冲突 3

　二、冲突的作用 6

　三、冲突与矛盾 15

　四、冲突的分类 25

第二章　协调型冲突 31

　一、"瓶颈"制约 33

　二、主从型冲突与非主从型冲突 37

　三、从不平衡、不协调到平衡、协调 43

　四、多种多样的平衡 50

　五、连锁反应与链型平衡 58

　六、聚焦型平衡与辐射型平衡 64

第三章　兼顾型冲突 69

　一、"两难"问题 71

　二、寻找结合点、平衡点 77

　三、综合平衡和系统平衡 87

第四章　排除型冲突..............................95

　　一方排除另一方..............................95

　　一、直接排除法..............................102

　　二、打击削弱法..............................104

　　三、标本兼治法..............................106

　　四、此长彼消法..............................109

　　五、取而代之法..............................110

　　六、改造转化法..............................112

第五章　和解型冲突..............................115

　　消除纠葛、明辨是非、达到和解..............115

　　一、和为贵..............................119

　　二、对话、交流、协商..............................121

　　三、第三方的作用..............................123

　　四、"游戏规则"..............................126

　　五、文明与冲突..............................129

第六章　结　语..............................131

　　一、冲突区分的相对性..............................133

　　二、冲突与文明进程..............................137

后　记..............................149

第一章　绪　论

一、广义的冲突

人类在地球上已繁衍生息了几百万年，有文字记载的人类文明史也有五千多年。从原始人类"茹毛饮血""刀耕火种"到进入农业社会、工业社会，直至新科技革命迎来的信息社会、互联网时代，人类文明飞速发展，日新月异。那么人类文明是如何产生和发展的？各种文明之间有没有共同的规律？或者说是一般的规律？答案无疑是肯定的。而要回答这些问题，弄清楚其中的缘由，这就不能不涉及本书探讨的对象——冲突。

什么是冲突？在我们生活的这个世界上，每天都发生着各种各样的冲突，大如战争、地区冲突、种族骚乱，小至邻里纠纷、夫妻拌嘴、意见不合……

从人们实际生活中使用冲突一词来看，它有狭义与广义之分。狭义的冲突仅是指社会暴力、武力冲突，如报刊新闻中常提到的"地区冲突""种族冲突""教派冲突""边境冲突""巴以冲突""印巴冲突"等，这里的冲突就是指社会暴力、武力冲突的意思。

我国政府在处理国际事务关系中一直秉持不冲突不对抗、

相互尊重、合作共赢的原则。这里的冲突也是指武力冲突的意思。

范围更广一些，就是把冲突看成是矛盾和矛盾斗争的表现形式之一，即看成是矛盾和矛盾斗争发展到表面化、对抗化阶段的一种表现。毛泽东在《关于正确处理人民内部矛盾的问题》中，把冲突看作是对抗的一种表现形式。他说："资本主义社会的矛盾表现为剧烈的对抗和冲突，表现为剧烈的阶级斗争，那种矛盾不可能由资本主义制度本身来解决，而只有社会主义革命才能够加以解决。"把冲突看成是矛盾发展到表面化、对抗化阶段的一种表现，从这种意义上来理解，那么冲突远不止之前说的社会暴力、武力冲突。

查阅一下《辞海》，其把冲突释义为：抵触、争执、争斗。[1]平常我们所说的言辞冲突、心理冲突、利益冲突、性格冲突、东西方文化冲突、法律条文冲突、理想与现实的冲突、新旧体制的冲突、事业与家庭的冲突、发展生产与缺少资金的冲突等，这里的冲突实际上是指事物之间的不协调、相互抵触、互起相反的作用。显然，这种冲突的含义较前面更广泛了，它不仅涵盖了对抗性的矛盾斗争，也涵盖了非对抗性的矛盾斗争；不仅存在于社会领域中，也存在于自然界中。这就是广义冲突的概念。

---

1. "冲突"的辞条释义，见上海辞书出版社于 1994 年 9 月出版的《辞海》。

广义冲突即是指事物之间的不协调、相互抵触、相反作用。由于相互抵触、争执、争斗、对抗、相互制约、不协调等实际上都是事物之间相反作用的表现，因此简言之，广义的冲突也就是指事物之间的相反作用。显然，这种含义的冲突在客观世界中是无处不在、无时不有的。

本书正是从这个意义上来认识冲突这一概念的，并试图从探索、研究广义冲突的性质、特点及其在事物发展变化中的作用入手，来揭示事物发展变化的内在动力机制和发展变化的规律。

二、冲突的作用

一说起冲突，有些人可能会感到头晕，他们认为冲突是坏事，有些人甚至希望生活中万事如意、风平浪静、永远没有冲突，当然，这是不切实际的幻想。把冲突看成只有消极作用，而无积极意义，是一种片面的、错误的观点。

冲突本质上是事物之间的一种相互作用，虽然它只是相反作用。与冲突相对立的是协同作用。协同学创始人、德国科学家哈肯教授研究了自然界和社会领域中各种系统的协同作用，指出了协同作用的普遍性和它在系统自组织中的重要作用。同样，冲突作用在客观世界中也是普遍存在的。平常我们所说的事物之间相互抵触、不协调、相互制约、相互斗争、相互对抗等，这些都是相反作用的表现，也是冲突作用的表现；而协调、一致、相互促进、相互合作等，则是协同作用的表现。

作为一种相互作用，冲突在事物发展变化中的意义在于，它是导致万事万物发生变化（注意是变化，而不是发展，变化概念的外延要大于发展，变化具有多向性，而发展是某一变化方向单向性的延续和累加）的根源和驱动力。冲突之所以具有这种作用，在于它本身就是一种相互作用。当发生冲突时，它有一种内在解决的要求，这就促使事物发生变化，以克服、解决这种冲突。比如一个人面临心理冲突时，往往陷于思想斗争的漩涡之中，有些人甚至"茶饭不思"，心烦意乱，陷于极度的苦闷之中。唯有解决了这种心理冲突，或者从这种冲突中解脱出来，才能心情舒畅，身心健康，继续发展自我。

生活中有这样一种经验：一个人的欲望、需求都得到了满足，也就失去了前进的动力，唯有不满足才有动力。这里的"不满足"，也就是指现状与人的理想、欲望之间的差距，或者说两者之间的冲突。"生活富贵易生厌倦，而贫困却产生渴求"这句话，说的也是这个道理。有人甚至认为，处于轻度贫困状态对人的事业追求是有利的。也许正是存在这种情况，德国哲学家尼采甚至说："保持轻度贫困是该被祝福的。"

自相矛盾也是一种冲突。毛泽东曾强调：写文章要讲逻辑。就是要注意整篇文章、整篇说话的结构，开头、中间、尾巴要有一种关系，要有一种内部的联系，不要互相冲突。[2]倘若前后言语、观点、论述互相冲突，自相矛盾，就会造成思维混乱，漏洞百出，影响意思的表达。

文学作品中故事情节的展开往往伴随着冲突的揭示而展

2. 毛泽东：《农业合作化的一场辩论和当前的阶级斗争》，《毛泽东选集》第五卷，人民出版社 1977 年版，第 217 页。

开。"在叙事作品中,冲突是激发人物行动的机缘和动力,因而是构成情节的基础和展示人物性格的手段。戏剧作品特别重视冲突的展示,没有冲突不能构成戏剧。"[3] 文学作品中冲突的这种作用正是现实生活中冲突作用的反映。

在自然界中,吸引和排斥的相反作用也是一种冲突作用。恩格斯指出:一切运动存在于吸引和排斥的相互作用中。[4] 每一物质运动都同时受到吸引和排斥的作用,如行星围绕太阳沿椭圆轨道运动就有太阳对其的吸引作用,同时由于它围绕太阳运转而产生离心力即排斥作用。物体的分子、原子核内部也同时存在着吸引和排斥的相互作用。在自然界中,正是这两种相互作用的平衡与不平衡相互转化决定着每一物质运动的平衡态与非平衡态的相互转化,也是导致物质世界永恒不息运动变化的根源之一。

事实上,任何事物的发展变化都离不开冲突,都与冲突有关,而事物发展也正是在克服、解决冲突中得以实现的。以人类社会的科技发展史为例,每一种发明创造、每一项科学技术,实际上都是在克服、解决一系列相关的冲突中产生和发展起来的。拿人们已使用几千年的文字来说,在文字文明以前,我们的祖先曾长期用结绳、画画、刻契等方法来记

---

3. "冲突"的辞条释义,见上海辞书出版社于 1994 年 9 月出版的《辞海》。
4. 恩格斯:《自然辩证法》,《马克思恩格斯选集》第三卷,人民出版社 1972 年版,第 493 页。

数、记事，这不仅相当麻烦，而且碰到复杂的意思时很难表达清楚。随着人类社会生产的发展和相互之间交往的扩大，这种"麻烦""难以表达清楚"等问题就越来越突出，它表明原有的记数、记事方式已不适应人们的社会需要，与人们的需要发生着冲突。正是这种冲突的存在驱使人们去改进记数、记事方式，最终推动文字的产生。

活字印刷为我国古代四大发明之一，是由宋仁宗庆历年间的能工巧匠毕昇发明的。在活字印刷之前为整块雕版印刷，这很费时费力，几百字的雕版，只要有一个字差错，整块雕版就全然报废。显然，这种费力的印刷方法与人们要求省时、省力、省材料的需求发生着冲突。随着社会经济文化的发展，书籍因需求增长而大量印刷，这种冲突也日益突出，它迫使人们改进印刷方法。毕昇就是首先感悟到这种冲突的人。他在实践中发现，刻错的雕版只要把错字凿去，换上一个正确的字就行了，由此他又联想到何不全用活字来排版呢？于是乎，一个重大的发明就孕育产生了。活字印刷的采用，使每个雕刻的字可以灵活地随意移用，又可以重复使用，一个字可用很多次，使印刷技术实现了质的大飞跃。活字印刷的发明固然与毕昇个人的智慧和努力分不开，但推动这种发明产生的，归根到底是原有的印刷方法与社会需求的冲突。

不仅一种发明创造的产生来源于人们社会实践与需求的冲突，而且它的发展、完善也是在克服、解决一系列相关冲突中得以实现的。众所周知，每一种发明创造在刚诞生时，几乎都是不完善的，它们适应当时的社会需求也是相对的。由于人类社会生产的不断发展，人们的社会需求也是不断发展变化的（从低级到高级，从简单到复杂、多样），因而它们在实际使用过程中与人们日益发展的需求总会出现差距，出现不一致、不相适应的地方。历史上蒸汽机的发明曾适应了大工业对动力的需求，但它存在的结构笨重、热效率低、不够安全等弱点，又与之后日益发展的社会需求存在着尖锐的冲突。自爱迪生发明白炽电灯后，白炽灯在人类照明史上"一枝独秀"，但这种灯发光效率低、耗电多、寿命短，又与人们对节约能源的需求和保护环境的要求存在着冲突。这种冲突提供了进一步改进的动力。人们也正是在实践中通过不断克服、解决这种冲突，才促使它们不断发展、完善，越来越符合人们的需求。而电动机、内燃机作为新的动力机取代蒸汽机，各种节能灯、各种高效灯具的问世，也正是人们解决这种冲突的产物。

当然，每一种科技发明的产生、发展和完善都需要相关的物质技术条件的成熟，需要人们历史经验的积累，需要发明家个人的努力，但推动科技发明产生、发展和完善的驱动力归根到底是人们的社会实践和需求的冲突，而且这种冲突的解决还决定了它们发展的一般方向，即使它们变得越来越适应和满足日益发展的社会需求。

在生命进化中，冲突也有着不可忽视的作用。哈肯认为：生命充满冲突。[5] 不仅生命的生理、心理过程存在着冲突，生命进化进程本身也是一个不断发生冲突与不断克服、解决的过程。

我们知道，地球上的生命早在三十多亿年前就出现了。生命从诞生的那一刻起，就按照本能开始自己适应生存环境的过程，但外界环境是不断发展变化的，环境条件并不是总能满足生物生存的需求。正是生物生存的需求与外界环境的冲突以及生物克服、解决这种冲突所作的努力（本能行为），从根本上推动着一切生命体的进化进程。

英国生物学家达尔文提出的自然选择学说认为，生物必须适应环境，适者生存，不适者就要遭到淘汰。当环境条件改变时，习惯于原来环境条件的生物在习性、功能上就与之发生了冲突，而生物必须解决这种冲突才能生存。在这里，只要这种环境条件的改变是持久进行着的，那么它们之间这方面的冲突就始终存在着。这种冲突也就将持久地迫使生物体结构形态和功能或多或少做出相应的改变。而生物体结构形态和功能的改变，又与决定着它们的内部遗传的物质结构发生了不相适应、不相协调的冲突，这种冲突又往往与外界环境的机械、物理、化学的同向作用一起，最终迫使着内部

5. [德]哈肯：《协同学》，上海科学普及出版社1988年版，第98页。

遗传物质结构也做出相应的改变。这里存在着两条反向的相互作用路线：由遗传物质结构决定着生物体结构形态，结构形态产生出特定的行为、功能，行为、功能再作用于外界环境；而外界环境反过来又会作用于生物体的行为、功能，引起行为、功能以及结构形态的相应改变，最后导致内部遗传物质结构做出相应的改变。后一条逆向的相互作用路线，实际上也就是拉马克所提出的"用进废退"和"获得性遗传"法则。当然，这需要长久作用的时间，是一个相当长期、缓慢的过程。

正如主张"生命环境均衡说"的日本古生物学家、地质学家浅间一男所说："由于环境发生变化，生物也顺应此变化而变化。而且，这种由环境变化产生的变异，还以漫长岁月之中的遗传化，即获得性的遗传化为前提。生活改变性状，是到处可见的普遍现象，恐怕学者不能对此加以否认。问题在于：这种由生活产生的新性状是否遗传？……如果使变异得以产生的生活持续不断，其性状也就在遗传上被同化并遗传下去。"[6]

生物体本身是一个系统，其组成的各部分结构、功能相互影响、相互作用，在一般情况下它们处于适应、平衡之中。当某一部分组织器官变异时，这种适应、平衡就被打破了，

---

6. [日]浅间一男：《人为什么成为人——达尔文进化论质疑》，辽宁大学出版社1991年版，第105页。

变异的器官与原有的其他相关组织器官就发生了不平衡、不协调，这种冲突也是不能持久下去的，它必然要求得到解决。只要前者的改变也是持久的、稳定的，那么它就会引起后者做出相应的改变，以达到身体各组织器官、结构形态的协调一致。而生命体中每一细胞、每一活体成分也具有适应周围环境和调整改变自身的能力。这就是达尔文所提出的相关变异法则。

总之，生物主要通过解决自身生存需求与环境的冲突以及自身内部的冲突，促使自身进化，适应环境。在这里，冲突无疑起着驱动的作用，而生物的适应和进化实质上也正是生物克服和解决一系列冲突的结果。

附带指出，在生物进化问题上，有一种说法认为是生物有利的突然变异和自然选择的积累促成了进化，他们以此来说明从单细胞低等生物到人的进化。这种看法是不全面的。这种进化论离开了冲突在生物进化中的作用机制，离开了生物与环境之间的相互作用和相互影响，忽视了生物在解决冲突中的作用，因而不能清楚地说明生物的进化史。这种观点实质上是把生物进化建立在偶然变异的基础上（尽管是有利的突然变异），生物进化似乎成了一种"掷骰子"式的选择（即使是自然选择）。显然，迄今为止，地球上各种生物对环境的巧妙适应以及它们身体内部精巧协同的组织结构——从猿到人的进化，特别是人的大脑的复杂结构（现代医学解剖证明，人的大脑包含了百亿级神经元和百万亿级的神经突触，神经元相互连接起来组成复杂的脑神经网络），这一切用突然变异再加自然选择的累积来解释，显然是说不通的。正如一位学者讽刺道："仅靠一连串发生于偶然的畸形变异和自然选择来解释进化，好比随便抛出几块砖来堆砌一下，就想造成一座理想的房子一样。"[7] 而把这一切看成是生物长期克服和解决自身生存需求与环境的冲突以及自身内部一系列冲突的结果（获得性遗传则把这种成果固定下来），则是顺理成章的事。

还需指出，生物进化并不是生物演变的必然方向，在生物演变中，既有进化，也有退化，还有长期基本保持不变的物种。生物演变的本质是"适应"，即生物通过不断解决自身生存与环境的冲突，来适应所处的环境。从低级形态和功能发展到高级形态和功能，是生物的一种适应，而各种生物向各自特异化发展，适应所处的环境，也是一种适应。明乎此，就可以理解，为什么生命经过三十多亿年的演化，现今地球上既存在着高等动植物直至人类，又存在着极其简单的生命如大量的病毒、噬菌体、细菌等微生物。

---

7. [日]浅间一男：《人为什么成为人——达尔文进化论质疑》，辽宁大学出版社 1991 年版，第 186 页。

三、冲突与矛盾

前面讲了冲突的作用，指出冲突及其克服、解决是事物发展变化的驱动力，由此人们定会想到矛盾的概念，那么冲突与矛盾是什么关系呢？矛盾在事物发展变化中的地位和作用如何呢？要回答这些问题，有必要弄清楚矛盾的概念，正确认识矛盾。

说起矛盾，现在流行的一种观点认为，矛盾就是指事物自身包含的既对立又统一的关系，矛盾即"对立统一"。把矛盾与对立统一概念等同起来，我认为这种看法是不全面的，与当今矛盾概念的实际使用情况是不相符的。

当今人们实际上已把事物之间发生的相互抵触、相互冲突、事物发展不协调、不平衡、不充分等也看成是矛盾。例如平常我们所说的"我国人多地少的矛盾""电力供应与生活需求的矛盾""消费者与商家的矛盾""金融业发展与金融人才欠缺的矛盾""城市发展与基础设施建设滞后的矛盾""我国社会主要矛盾已经转化为人民日益增长的美好生活需要和不平衡不充分的发展之间的矛盾"，等等。这些矛盾的含义就是指事物之间不协调，相互抵触、相互冲突，简言之，就是指事物之间发生了互为反向的作用。

　　显然，这种矛盾概念的含义已超出了"对立统一"的范畴。事实上当今被人们看成矛盾的事物，不仅是指事物内部或统一体内部对立统一的事物，不仅是指相反事物或两级事物，事物之间也会发生矛盾（从物质无限可分的观点来看，事物内部双方之间的矛盾也可以看成是事物之间的矛盾），事物之间发生的相互抵触、相互冲突，事物发展不协调、不平衡、不充分也是矛盾。

　　当今人们所认识的矛盾与对立统一概念不是同一个概念。它们的不同除了各自所包含的对象、范围有所不同外，还表现在以下两个方面的区别：

1. 前者是一个相互作用的概念，而后者主要是指相互关系的概念

　　众所周知，相互作用必须具备两个前提条件：一是事物双方必须同时存在，二是相互之间确实发生作用。当今的矛盾概念是指事物之间发生了互为反向的作用，当然它是一个相互作用概念。然而对立统一概念情况就不同了，它主要是指相互关系的概念。相互关系概念的外延要比相互作用大，可以说相互作用是一种相互关系，但相互关系不等于是相互作用。事实上很多对立统一概念的"对立统一"，都是就它们之间相互关系而言的，如生与死、日与夜、贫与富、难与易、

疾病与健康、饥与饱、胖与瘦、成功与失败、原因与结果、量变与质变、可能和现实、必然和偶然、理由与推断等，这些"对立统一"都是就它们之间相互关系而言的。拿"生与死"来说吧，对于某一个具体生命而言，生与死（不是指死的部分或导致死亡的因素、方面）是前后相继的两个阶段、两种状态，它们之间并不同时存在，当然也就谈不上相互作用。对于某一具体事物的变化来说，量变和质变（不是指质变的部分或导致质变的某些因素、方面）也是前后相继的两个阶段、两种状态，它们之间也不同时存在，当然也谈不上相互作用。

其他如贫与富、难与易、饥与饱、疾病与健康、成功与失败、可能和现实、原因与结果、理由与推断等，这些"对立统一"也有类似的情况，这里不一一列举。当然，这些对立面之间又是相互渗透、相互包含的，这些相互渗透、相互包含的部分、因素存在着相互作用，但就双方整体而言，由于它们是事物发展变化过程中前后相继的两个阶段、两种状态或两种表现，双方并不同时存在，因此这些"对立统一"都是就它们之间的相互关系而言的。

事实上，一些哲学家在阐述一些对立统一概念时，也没有从相互作用（相互排斥、相互斗争）上来说明它们的"对立"关系，如德国哲学家黑格尔在谈到上与下、父与子的概念时说过这样一段话："上是那个不是下的东西；上被规定为只是这个而不是下，并且只是在有了一个下的情况下才有的，反过来也是如此；在每一个规定中就包含着它的对立面。父亲是儿子的另一方，儿子也是父亲的另一方，而每个另一方都是这样另一方的另一方；同时每一规定只是在与其他规定的关系中才有的。"[8] 在这里，黑格尔除了指出上述概念的相互依存、相互包含外，还指出了它们的对立关系，但他是从它们的互相区分、不能混淆的意义上来说明上与下、父与子的"对立"，这实际上是从形式逻辑的意义上来诠释"对立"。

美国心理学家、哲学家威廉·詹姆斯教授也是从相互区分、不能混淆的意义上来诠释现象与本质、原因与结果等一些对立统一概念的"对立"关系，如他说："现象与本质具有对立关系。现象存在于事物的表面，可以由感官系统直观获得，而且容易变化和消失。而本质隐藏于事物内部，相对于现象来说比较稳定。"[9] "原因与结果也是辩证统一的关系。首先，原因与结果是对立的，如果因果倒置，就会引起巨大的混乱。其次，原因与结果又是相互统一的。"[10]

国内一些哲学教科书在阐述原因与结果、可能性与现实性、必然性与偶然性等对立统一概念时，也是从相互区分、不能混淆的意义上来说明它们的"对立"，如说原因与结果的

---

8. [德]黑格尔：《逻辑学》下卷，商务印书馆 1976 年版，第 67~68 页。
9. [美]威廉·詹姆斯：《哈佛大学的哲学课》，文化发展出版社 2017 年版，第 176~177 页。
10. 同上，第 178 页。

对立表现在:"其一,在特定的条件下,原因就是原因,结果就是结果,两者有着明确的界限,不能相互颠倒;其二,在特定的条件下,原因和结果有着各自的规定性,某一种现象不能同时既是原因又是结果。"[11] 可能性与现实性两者的对立表现在:"可能性是潜在的东西,而现实性是实际存在的东西;可能性标志着未来的趋势,而现实性标志着当前的状况。"[12] 必然性和偶然性两者的对立表现在:"第一,必然性和偶然性在事物发展过程中的地位和作用是不同的。必然性处于支配的地位,代表着一定要贯彻下去的趋势,决定着事物发展的前途和方向;偶然性处于从属的地位,它不能决定事物发展的总体方向,只能使事物发展出现一些偏差,或加速、延缓事物发展的具体进程和状况。第二,必然性是事物发展的普遍性;偶然性是事物发展中不稳定的、暂时的趋势,是事物发展中的个别现象。"[13]

显然,这些都是从相互区分、不能混淆的意义上来说明"对立"关系。事实上,原因和结果、父与子、少与老、上与下、明与暗、高与矮、胖与瘦、队伍的前和后、体积的大与小、颜色的黑与白等这些事物之间(不是指每一事物自身包含的这些对立关系),人们一般也不把它们看作是一对矛盾,

11. 陈新汉:《马克思主义哲学原理》(上海市高等学校马克思主义理论本科通用教材),上海教育出版社1999年版,第108页。
12. 同上,第109页。
13. 同上,第111页。

或作为一对待解决的矛盾来处理，相反它们是大千世界的各种表现，是和谐世界的有机组成部分。

2. 不同的矛盾运动规律

对立统一学说在揭示对立面之间相互渗透、相互包含的同时，也揭示了对立面之间的矛盾运动规律，但它所说的"对立面"都是指事物内部或统一体内部相反的两方面或两极方面，矛盾运动规律一般表述为：对立面之间相互联系、相互斗争，经过双方力量对比变化，此消彼长，最后一方战胜另一方或一方转化为另一方，导致矛盾的解决或矛盾的转化。而当今人们使用的矛盾概念已超出了原来对立统一的范畴，被人们看成矛盾的不仅指相反事物、两极事物，也不仅指事物内部或统一体内部的矛盾，还有事物之间发生的相互抵触、相互冲突，以及事物发展不协调、不平衡、不充分。不同性质的矛盾，其矛盾运动规律也是不同的，矛盾的解决方法也不同。例如发展经济与生态环境保护的矛盾，解决这对矛盾不是要它们一方排斥、战胜另一方，而是要正确处理两者的辩证关系，兼顾双方的发展，"既要金山银山，又要绿水青山"[14]，在它们之间寻求兼顾、结合的平衡点。城市基础设施建设滞后制约了城市的发展，解决这对矛盾是要把城市

---

14. 习近平：《造好"两座山"》，《习近平讲故事》，人民出版社 2017 年版，第 181 页。

基础设施建设搞上去，适应城市发展的需要。法制建设滞后于社会主义市场经济的发展，阻碍经济发展，解决这个矛盾就是要促使有关的立法跟上去，建立、健全有关的法规制度，使之适应社会主义市场经济发展的需要，而不是要它们一方战胜另一方或"相互转化"。邻里关系发生矛盾，也不是要他们相互斗来斗去，斗个明白，或谋求双方力量对比的变化，而是要通过协商、对话，双方应相互谦让，明辨是非，合理解决争端，达到双方和解。

可见，不同性质的矛盾，矛盾的运动规律及其解决方法也不同。对不同性质的矛盾，不能简单套用"又斗争又统一"的模式，而要根据矛盾的性质，采取适当的方式、方法去解决。

总之，当今的矛盾概念，或者说现今人们使用的矛盾概念已不同于对立统一概念，它们是两个不同的概念，在逻辑关系上，它们之间是交叉概念的关系。

事实上，"矛盾"是一个发展的概念。在人类认识史上，矛盾概念也经历了一个发展过程。早先的矛盾概念是与对立统一概念融合在一起的。在古代，人们早就觉察到了宇宙中的相反现象、两极现象以及它们之间对立统一的关系。例如中国古代哲学家用阴阳元气的又对立又统一来解释万事万物的发展变化，这种认识带有朴素的辩证法思想。古希腊哲学家赫拉克利特、柏拉图、亚里士多德等人揭示了日与夜、直与曲、饥与饱、疾病与健康、存在与非存在、善与恶、正义与非正义、战争与和平、运动与静止、同一与差异、有限和无限、肯定和否定等许多相反事物、两极事物之间的对立统一关系。对立统一思想在德国古典哲学家黑格尔那里上升到系统的理论，但他的对立统一思想是不彻底的，是唯心的。马克思主义对其进行了批判改造，使其建立在唯物主义的基础上。

矛盾概念早先融合在对立统一概念内，这种情况是有其客观原因的。它既是人类认识过程的反映，也是当时社会生产力状况下人与自然界的尖锐对立和社会阶级矛盾尖锐对立、对抗在哲学上的反映。如同早期各门科学技术包含在哲学内，与哲学混为一体，随后分道扬镳发展一样，矛盾概念随着人们社会实践和认识的发展，也逐步摆脱对立统一概念的束缚，进入了更深入的认识进程。随着科学技术和社会生产力的发展，人们认识世界、改造世界的能力大大提高，人与自然界尖锐对立的状况得到了根本改观。当今人类社会阶级矛盾也普遍趋于缓和。而人类的发展需求与各方面发展不协调、不平衡、不充分的问题却凸显出来，人类自身的和谐合作、构建人类命运共同体的问题也摆上了议事日程。各种矛盾以问题的形式表现出来，而问题的表现是多种多样的，既有正确与错误、正义与邪恶这类相反事物、敌对事物之间的矛盾斗争，也有各种各样的"两难"问题，各种各样事物发展不平衡、不协调、不充分的问题，以及人类自身的和谐相处问题等。

显然，人们现在所认识的矛盾概念，或者说发展了的矛盾概念，实际上就是指事物之间发生的相互抵触、相互冲突、相反作用，简言之，就是指事物之间的相反作用。这种矛盾概念与对立统一概念是不同的，在内涵和外延上它们是两个不同的概念。然而长期以来，很多人却停留在认识的老阶段，把矛盾概念与对立统一概念混为一谈，认为矛盾即"对立统一"，有些人还把矛盾与事物等同起来，认为"事物即矛盾"。实际上矛盾是一种相互作用，一种相互关系，事物存在着矛盾，不等于说事物本身等同于矛盾。事物之间相互作用既存在着矛盾关系、冲突关系，也存在着协同关系、合作关系。正如恩格斯所指出的——"自然界死的物体的相互作用包含着和谐和冲突；活的物体的相互作用则包含有意识的和无意识的合作，也包含有意识的和无意识的斗争。"[15]

长期以来，把矛盾概念混同于对立统一概念在理论和实践上都造成了有害的结果。一是将客观现实中各种矛盾现实牵强附会地一律用对立统一理论去解释，从而掩盖、模糊了一些矛盾的真实面目，不利于人们正确认识和处理社会各种矛盾、冲突；二是影响了人们对客观实际中各种矛盾的进一

15. 恩格斯：《自然辩证法》，《马克思恩格斯选集》第三卷，人民出版社1972年版，第572页。

步认识和深入研究，使我国学术界对矛盾问题的研究长期停滞不前。

　　总之，当今的矛盾概念（即发展了的矛盾概念或称广义的矛盾概念）已不同于对立统一概念，这种矛盾概念实际上就是指事物之间发生的相互冲突、相反作用，显然，这样的矛盾概念与本书探讨的冲突概念（指广义的冲突），实际上是一回事，是同等的概念。

　　虽然如此，但本书仍采用冲突概念作为研究对象。这不仅是因为考虑到矛盾概念至今还存在着种种认识误区，学术界至今看法不一，为避免引起不必要的误解，顺利地开展对这类问题的深入研究，故还是拟用冲突来代替矛盾概念。

　　问题不在于名称，而不在于实质。我们研究的是与协同作用相反的作用——冲突作用，这种作用在客观世界中是无处不在、无时不有的。本书正是从冲突这一概念入手，来深入分析、研究这种作用的种类、特点、变化规律以及它在事物发展变化中的作用和它与人类文明发展的关系。

四、冲突的分类

客观世界中存在的冲突形形色色、多种多样，按照冲突不同的性质和特点，可以把它们区分成不同的类型，如物质冲突和精神冲突，社会冲突和自然冲突，有形冲突和无形冲突，内部冲突和外部冲突，相容冲突和不相容冲突，对抗性冲突和非对抗性冲突，等等。倘若按照有无生命活动特征来区分，则可以把它们区分成这样两大类型：生命界冲突与非生命界冲突。

众所周知，生命物质不同于非生命物质，前者对外界作用的反应不同于后者，前者或多或少带有一定的自主性、选择性，而后者对外界作用的反应完全是一种被动的、直接的过程，遵循着单纯的机械、物理、化学运动的规律。当然，机械、物理、化学运动规律在生命活动过程中也发生作用，但这种作用却受到了生命体本身活动的制约和影响。正是由于这种不同的特点，决定了生命体活动领域中的冲突不同于非生命物质之间的冲突。

非生命物质之间的冲突，无非是吸引和排斥两种相反作用的平衡与不平衡相互转化，以及作用力和反作用力的大小相等、方向相反（前者相反作用于同一物体，后者相反作用于不同的物体）。而在生命界中，事物之间的冲突要复杂和丰富得多，特别是在社会领域中，由于有人的意识活动的参与和社会运动本身的复杂性、多样性和特殊性，更使冲突具有本质不同的特点。

生命界冲突的主体是生命体本身及其行为、活动，在人类社会中则是指人类及其行为、活动。所谓生命界冲突就是指生命体、人类在其行为、活动过程中发生的冲突。生命界冲突，主要是人类社会领域中发生的冲突，是本书探索研究的重点。

对生命界冲突进一步细分，按照它们不同的性质和解决要求，又可以划分成这样四种类型：协调型冲突、兼顾型冲突、排除型冲突与和解型冲突。需要指出，这四种类型冲突主要存在于人类社会中，而在生物界（主要是动物界）只存在它的一些低级形态或它的雏形。下面简单介绍一下各类冲突的性质和特点。

1. 协调型冲突

协调型冲突是指事物发展变化不协调、不平衡的冲突，这种冲突表现为发展不充分、发展滞后的一方制约、阻碍另一方的发展，即表现为"瓶颈"制约现象。例如城市发展与基础设施建设滞后的不协调，车辆运量与运能的不协调，商品供求的脱节,国民经济各部门、各环节之间的不平衡,形式与内容的不协调,人才需求的不平衡,生物不适应环境等,都是这类冲突的实例。

这种冲突要求克服双方发展不平衡、不协调,达到协调一致地发展,只有达到协调一致,事物才能顺利发展。然而由于事物发展的不平衡状况,当出现不平衡、不协调时,发展滞后的一方就对另一方的发展起"拖后腿"作用,而冲突的解决就是要求双方达到平衡、协调地发展。例如生物不适应环境的变化,就要调整、改变自己,使自身适应外界环境;形式不适合内容的需要,就要调整、改变形式,使之适合内容的发展;立法滞后于市场经济的发展,就要把立法搞上去,使之适应市场经济发展的需要;充电站等基础设施建设不到位,阻碍新能源汽车的推广,解决这个冲突就是要在住宅小区等地方大量建设充电桩,缓解新能源汽车使用者的"里程焦虑"问题……"一致""适应""平衡""协调",是这类冲突解决的最终结局。

2. 兼顾型冲突

兼顾型冲突是指冲突双方互起相反作用,双方存在着一定的此消彼长关系,但两者又要求兼顾和结合起来。这种冲突双方不是根本对立的,或者说它们在根本上是一致的,两者能够辩证统一起来。例如社会保险基金既要确保安全性,又要追求增值，但这两种目标追求存在着冲突。企业行为既要追求本企业经济效益，又要顾及社会效益，这两种目标追求也会发生冲突。其他如在处理眼前利益与长远利益、局部利益与整体利益、自由与纪律、民主与集中、公平与效率、积累与消费、发展经济与保护生态环境、城市改造与保护历史文化传统、证券市场的规范与发展等双方之间的关系时，也会遇到这类冲突。

这种冲突双方既存在着相反作用，又要求"鱼"与"熊掌"兼得，这就要求双方相互妥协、相互兼顾，处理好两者关系。处理好这类冲突需要辩证思维和智者的智慧。

需要指出，这类冲突与协调型冲突比较，是有区别的。主要有以下几点不同：一是冲突性质和双方关系的不同。前者冲突双方存在着一定的互为反向的作用，存在着一定的此消彼长关系，而后者冲突双方是"齐上齐下"的关系，冲突表现为发展滞后的一方对另一方的发展起制约、"拖后腿"作用。二是解决要求、解决方法的不同。前者冲突双方都要求发展，但两者由于"此消彼长"，因此需要相互妥协、相互兼顾，处理好两者关系，区分轻重缓急，而后者冲突双方要求克服发展不平衡、不协调，达到协调一致地发展，双方"齐步走"。可见，无论在冲突性质、双方关系以及冲突解决的要求上，两者都是有明显区别的。它们是两种不同类型的冲突。

3. 排除型冲突

排除型冲突是指双方根本对立或不相容的冲突，冲突的解决就是要求一方克服、战胜、排除另一方。例如大家熟悉的战争中敌我双方的较量、正义与邪恶的斗争、真理与谬误的斗争、革命派与敌对势力的斗争等，都是采取这种方式来解决冲突的。

4. 和解型冲突

和解型冲突主要是指人类自身之间存在的非根本对立的利益冲突。由于人们在社会活动和交往中各有不同的利益追求，每个人的人生观、价值观不同，相互之间发生利害关系的摩擦、冲撞是难免的，是经常发生的。例如在当前经商热潮中由于破墙开店，油烟扰民，影响周围居民生活而引发"店群矛盾"；在物业管理中业主不满意服务，或因收费问题而与物业管理部门对簿公堂；居民家庭装修因质量问题与装潢公司发生纠纷；大妈因夜间跳广场舞噪声扰民，与周围居民发生冲突，以及征地拆迁纠纷、医患纠纷、邻里纠纷、夫妻不和、企业之间的利益摩擦等，都是这类冲突的实例。在国际上，围绕领土、主权、资源、经贸、文化、宗教、种族、价值观念、信仰、意识形态等方面发生的国与国之间、地区组织之间、民族之间的摩擦，也是此起彼伏，从未间断过，有的甚至兵戎相见，演化成暴力的、流血的冲突。

与前几类的冲突不同，这类冲突双方的主体都直接是人本身或者社会群体组织，冲突双方都是独立的、平等的，双方都有正当发展的权利，对他们之间发生的冲突既不能用"一方排除另一方"来解决，也不能用对待协调型冲突、兼顾型冲突的办法去解决。解决这类冲突就是要通过协商、谈判、对话、说理等方法来消除双方纠葛，明辨是非，排除障碍，达到和解，使各方都得以顺利发展。

以上我们按照冲突的性质和不同的解决要求，把生命界冲突（主要是人类社会领域中的冲突）区分成协调型、兼顾型、排除型以及和解型这四种类型。这四种类型冲突的区分是客观存在的，它们各有自己的特点和发展变化规律。接下来，我们将对各类冲突的性质、特点和发展变化规律以及人们应如何正确处置它们，作分门别类的进一步探讨，从中可以看出冲突与人类行为、活动的关系以及与人类社会文明发展的关系。

第二章　协调型冲突

一、"瓶颈"制约

在社会生活中,协调型冲突是随处可见的,它表现为"瓶颈"现象,表现为事物发展的不平衡、不协调,如发展新经济与高新技术人才短缺的不协调,社会经济发展与水资源短缺的不协调,市场经济发展和有效需求不足的不协调,城市发展与基础设施建设滞后的不协调,工农业生产发展与交通运输业滞后的不协调,证券市场发展与监管体系、法规建设滞后的不协调等。

这种冲突实质上是事物发展与其所需条件、因素之间发展不平衡、不协调的冲突。众所周知,任何事物的发展都需要一定的条件、一定的相关因素相匹配,没有一定的条件、因素相匹配,事物的某种发展、某种状态就不会出现。在这里,相关的条件、因素无疑提供了事物赖以存在和发展的基础。然而,条件、因素同时又有制约性。当某一事物企图超越现存条件、因素容许的范围(指生命界、社会领域中的事物,非生命物质并没有这种企图,也不可能有这种企图,非生命物质之间的相互作用完全是两种相反作用自然平衡的结果),以求进一步发展时,后者对前者的制约作用也就表现出来了。这时，一个要发展，一个起限制、"拖后腿"作用，这样它们之间就发生了冲突。比如发展生产需要一定的人力、物力、财力等，倘若企业生产中缺少流动资金，就会影响购买原材料，影响生产的正常周转，这就限制了生产的发展。这时，发展生产与资金不足就发生了冲突。

城市交通运输业的发展需要道路设施相应跟上去。倘若道路狭窄，交通拥挤，这就严重制约了交通运输业的发展。这时交通运输业的发展与道路设施的限制之间也发生了冲突。

氢燃料电池汽车被专家们认为是未来新能源汽车发展的方向，目前推广应用也进入"加速跑"阶段。但它的高成本、高价格以及一些关键技术难题的久攻不下，又阻碍了氢燃料汽车的商业化，使其车型主要还停留在一些物流车、大巴车、中巴车、特种车上，乘用车非常少。要大力发展氢燃料电池汽车，就要克服和改变这些阻碍、制约因素。

这种冲突表现为滞后的一方制约、阻碍另一方的发展，表现为双方发展变化的不平衡、不协调，且随着两者不平衡的加剧，冲突也愈加尖锐。也就是说，不平衡、不协调愈大，冲突也愈尖锐；反之，则冲突也较缓和。这里，不协调程度成了协调型冲突尖锐程度的一种量度。例如，运输部门运量与运能之间越不平衡，"缺口"越大，两者的冲突也越尖锐。国民经济各部门、各环节之间的比例破坏越严重，越不平衡，对经济发展所造成的破坏、阻力也越大。

在资本主义经济发展史上，曾反复出现"生产过剩"的经济危机。这种危机表现为生产的无限扩大和有支付能力的消费需求相对萎缩的冲突，随着两者不平衡的加剧，冲突也越加尖锐，至经济危机爆发前夕达到了顶点。最后经过剧烈的社会震荡和生产力的巨大破坏、缩减，生产和消费需求才强制性地重新达到了平衡。

2008 年美国爆发的金融危机，实质是由一系列经济失衡加剧、恶化引发的。社会过度消费、银行信贷过度膨胀、资产价格虚涨、房地产泡沫等都是经济失衡现象的表现。经过社会剧烈震荡，经济严重衰退，在美国政府、美联储的强力干预下，才使经济重新建立起平衡。

协调型冲突的解决要求克服发展不平衡、不协调，求得平衡、协调。而平衡、协调是这类冲突解决的内在客观要求。不管人们是否意识到这一点，这种冲突双方最后总是要趋向平衡的。不过，这里有两种不同的平衡，一种是经过人们发挥主观能动性，主动解决冲突所求得的平衡；另一种则是违背人们意愿自发实现的、强制的平衡。而后一种平衡往往给人们的盲目行为带来惩罚和教训，给人们的利益带来重大损失。例如国民经济各部门之间的比例之平衡如果遭到随意破坏，强制地实现一致、平衡，往往会伴随着生产力的巨大浪费和破坏。

在社会生产中，劳动力人口在数量上、质量上必须同生产资料（如生产工具、劳动对象等）相适应、相平衡。倘若劳动力过多或不足，不是造成劳动力的浪费，就是造成生产资料的浪费，其结果就是通过缩减劳动力或闲置生产资料，来强制地实现两者的相适应、相平衡。

城市发展地铁也需要具备一定的相关条件、因素，如一定的城市规模、经济总量，以及客运量需求等。有专家计算过，地铁负荷强度要达到每日每公里2万至3万人次，才能维持运营维护等费用。据悉，现在一些二三线城市纷纷提出要造地铁，显然有些城市还不具备这些条件、因素，若仓促发展地铁，即使建成了，也必然造成地铁运能的大量闲置和浪费，公共财政预算的不堪重负，给地方经济发展带来长期的压力。

可见，事物的发展必须与相关的条件、因素相匹配，若违背这个规律，势必受到现实的惩罚。强制平衡的出现，就是从反面来教训人们。

协调型冲突的解决要求双方达到一致、协调、平衡，当然，双方达到一致、平衡是相对的，而出现不一致、不平衡、不协调是经常的、绝对的。由于这类冲突双方各有自己的相对独立性，各有自己的发展变化规律，加上受到各种因素的影响，它们之间总会出现发展不一致、不平衡、不协调的情况。而只有克服不协调、不平衡，事物才能顺利地发展。

二、主从型冲突与非主从型冲突

对协调型冲突进一步观察，可以发现它们又可以区分为两种不同的情况，一种是双方具有主从关系，称为"主从型"冲突；另一种是双方不具有主从关系，称为"非主从型"冲突。

具有主从关系的协调型冲突双方，其中一方为主导，另一方受其决定，即前者决定后者，后者必须与前者相适应、相一致。前者变化了，后者也必须做出相应的改变，以适合前者。它们之间这种主从关系不能随意颠倒，双方关系具有不以人们主观意志为转移的客观规律性。例如在生物与生存环境的关系中，生物必须适应环境，而不是相反。在商品经济中，货币流通必须适应商品流通的需要，而不是相反。在生产经营中，企业的规章制度、经营管理必须适应生产发展的需要，促进生产的发展，若不适应，则妨碍生产的发展，必须加以改变，以适应生产发展的需要。

这种冲突双方是一方决定另一方，当然后者也不是消极、被动的因素，它有自己的相对独立性，有自己的发展变化规律，对前者也有重要的反作用。

在这种关系中，还有一种特殊的类型，应当引起我们的注意。它们之间形成类似于生产力和生产关系、经济基础和上层建筑的关系，构成这种关系的双方一般是主体事物、基础事物与其派生物或衍生物。例如上面提到的货币流通与商品流通，企业规章制度、经营管理与生产发展需要之间就具有这种关系。除此之外，再如形式和内容、科学技术发展与社会需要、商品生产与市场需求、语言发展与社会需要、服务业发展与社会需求、广告宣传与商品营销、商品期货及期权交易与实物交易、虚拟经济与实物经济、法规建设与市场经济发展、理论发展与社会实践等双方之间，也具有类似关系。

这些关系都有着相似的规律性，归结起来，主要有这样几条：

（1）**一方决定另一方，前者变化了，后者也必须做出相应的改变，以适合前者。**前者对后者的决定作用包括质和量两个方面，也就是说，有什么样的前者就会产生什么样的后者。

（2）**后者是适应前者的需要而产生的，它必须为前者服务。**

（3）**后者也不是消极、被动的因素，它对前者有重要的反作用。**当它适合前者要求时表现为促进作用，当它不适合前者的要求时表现为阻碍作用。

（4）前者是较活跃、易变的因素，后者则具有相对的稳定性，前者是导致后者以及双方关系发展变化的主导性、革命性的因素。

（5）双方各有自己的相对独立性，各有自己的发展变化规律，由于受到各种因素的影响，它们之间总会出现发展不协调、不平衡的情况。

需要指出，这里并没有把所有的主从型冲突都归类成类似于生产力和生产关系、经济基础和上层建筑的关系，是因为考虑到还有例外。例如在生物与环境的冲突中，生物必须适应环境，但不能说生物是适应环境的需要而产生的，也不能说生物必须为环境服务。再如在股票市场进行股票交易的人都有这样的切身体会，股票操作必须符合当时股票市场多空双方力量变化的实际情况，或者说，观念、行为必须符合外界变化的规律性，要顺势而为，只有这样才能使自己避免、减少损失，求得盈利。在这里，两者关系不能颠倒，不能要求市场来适应"自我"，而是"自我"适应市场。但两者的主从关系不是说要"自我"为市场服务，不是要一个人的观念、行为为客观规律性服务。可见，这些例外关系不同于上述关系，不具有上述五条规律中的第二条。

上例中提到的股票操作必须适应股票市场的实际情况，实际上提出了一个主客观关系的问题。大家知道，主观必须符合客观，人的认识必须符合客观外界发展变化的规律性。

只有这样，人们在实践中才能达到预期的目的，才能取得成功。但主客观这种关系并不是要主观为客观服务、为规律性服务，而是要人们认识、遵循、利用客观规律性来为人们的实践活动服务。显然，主客观之间的关系不具有上述五条规律中的第二条规律。

应当注意，主客观之间的关系不同于认识、理论与实践的关系，它们是两个不同的关系范畴。认识、理论是为人的实践活动服务的。人的实践活动都是在思想、认识指导下进行的，是人为的活动，既然是人为的活动就必然存在着正确与错误、成功与失败之分。而只有在正确反映客观规律性的认识、理论指引下，人们的实践活动才能取得成功。因此，人们需要在实践中不断探索客观外界发展变化的规律性，用来帮助、指导实践活动。显然，认识、理论与实践的关系，具有完整的五条规律性。

一般来说，只要主从型冲突中双方是主体事物、基础事物与其派生生物或衍生物之间的关系，且后者是适应前者的需要而产生并为前者服务的，那么它们之间的关系就具有上述完整的五条规律性。

第二种是不具有主从关系的协调型冲突，即非主型冲突，这种冲突双方并无严格、固定的主从之分，它们之间一般是相互适应、相互平衡、相互协调的问题。例如商品供求之间并无固定的主从之分，有时候求方多了，供方少了，供方需增加，以与求方相适应、相平衡；但有时候供方受到条件限制，一时不可能增加，而商品的价格涨上去了，消费者望而却步，这时求方就不得不降下来，同供方相适应、相平衡。

其他如铁路运输的运能与运量之间、发展生产与资金投入之间、生产中产供销各个环节之间、城市道路面积及道路设施与交通流量之间、国民经济各部门和各环节之间等，一般也是相互适应、相互平衡的问题。

它们之间虽然一般是相互适应、相互协调的关系，但根据事物发展的要求和具体情况，它们之间谁跟谁相一致、相适应又是能够确定的。这里以 18 世纪英国棉纺织业发展的一段史实为例来加以说明。

在纺织业中，人们一般把它们分为纺纱和织布两个主要部门。在 1733 年至 1738 年间，英国的凯伊（John Kay）发明了飞梭，改变了过去靠织工用手穿梭的操作法，使织布生产效率一下子提高了两倍，造成当时英国纺纱业与织布业两个部门出现严重的不平衡状况。这就要求落后的纺纱部门及时跟上去，适应织布部门的发展。1765 年，哈格里沃斯（James Hargreaves）发明了手摇纺纱机，即"珍妮机"，使得纺纱产量成倍提高，缓解了两个部门之间的不平衡状况。以后随着水力纺纱机、"骡机"等一系列机械的发明和应用，纺纱产量大幅度增长，以至走到了织布业的前头。这时棉纺织业的发展又要求落后的织布技术跟上去,适应纺纱部门的发展。1785
年牧师卡特赖特(Edmund Cartwright)发明了自动纺织机,
使织布业劳动生产率提高了十倍,纺纱与织布两个部门才又
重新建立了平衡。这种平衡为当时英国棉纺织业的快速发展
创造了条件。

可见,纺纱与织布两个生产部门发生的也是相互适应、
相互平衡的问题,但在某一段时期内,根据生产发展的要求
和具体条件,它们之间谁跟谁相适应、相平衡又是能确定的。

总之,对于非主从型冲突来说,要根据事物的发展情况
和具体条件来确定谁跟谁相适应、相平衡,而主从型冲突双
方中谁跟谁相适应、相平衡是严格固定的,不可随意颠倒,
它们之间这种关系反映了不以人们意志为转移的客观规律性。
正是它们双方关系的本质不同,决定了两种冲突的明显区别。

三、从不平衡、不协调到平衡、协调

在实际生活中，协调型冲突往往并不直接显露出来，而是隐藏在各种"问题"的背后，特别是这种冲突在刚开始时更是如此。例如沪宁高速公路刚建成通车时，曾屡屡出现汽车抛锚、爆胎事件，甚至酿成车毁人亡的悲剧。经过调查发现，这是由于一些国产车的性能、轮胎质量不过关，还不适应高速公路长时间的高负荷运转的要求。

一些城市遇到暴雨就积水严重，内涝成灾，影响交通和居民生活，这是由于地下排水管网陈旧老化，地下排水设施严重滞后于城市的快速发展。

我国股票市场上存在的投机过度、联手操纵、上市公司弄虚造假、运作不规范、中介机构营私舞弊等问题，反映出证券市场的监督管理、法规建设还有待完善，还不适应证券市场发展的需要。

各种问题往往是某种不平衡、不协调的反映，有敏锐观察力的人可以通过对一些问题的分析、追踪，及时发现其背后隐藏着的某种不平衡、不协调，从而及早采取措施，加以预防和克服，不致酿成更严重的后果。

不平衡、不协调造成了事物发展的"瓶颈"制约，造成了事物发展的阻力，而只有克服不平衡，求得平衡、协调，事物才能顺利地发展。那么，如何来克服不平衡，求得平衡、协调呢？归结起来，主要有以下几种方法：

1. 促进法

促进法是指通过采取措施促使滞后的一方跟上去，适应另一方发展的要求。这种方法的特点是在不改变原有事物本质的前提下，通过其量的增加（如水平的提高或发展速度的加快等），来改变滞后的状况，实现协调地发展。例如一个企业职工的技术文化水平低，制约着生产的发展，通过加强对职工的技术文化培训，促使其水平的提高来适应生产发展的需要。城市道路狭窄制约着车流量的增加，通过拓宽马路、增加道路面积，从而提高通行能力，来达到两者的平衡、协调。

促进法是人们常用到的一种方法。这是因为在人们的日常生活中，在社会发展的方方面面，事物之间出现发展不平衡、不协调的现象是随处可见的，运用促进法，就是通过采取措施，把发展滞后的一方搞上去，跟上另一方的发展，实现双方平衡、协调地发展。

2. 变革法

变革法是指通过改变事物性质的方法来实现不适合向适

合转化，不一致向一致转化。这种方法的特点是"推倒重来"，它一方面要求废除不适合的事物，另一方面又要求用适合的事物来取而代之。例如生产关系的变革，即用适合生产力发展的生产关系来取代不适合的生产关系；社会法律、规章制度的变革，是要用适合社会发展需要的法律、规章制度来取代不适合的法律、规章制度。

这种方法包括两个过程或两个方面，即既有"废除"，又有"取代"。仅仅废除不适合的事物并没有克服不平衡，只有用适合的事物来取而代之，这样两者才算达到了平衡、协调。

废除不适合的事物也不等于完全抛弃。协调型冲突一般表现为一方发展不充分，一方滞后于另一方的发展，两者的不平衡、不协调常常表现为双方发展变化的"差距"，因此，一方不适合另一方发展的需要，一般也不是完全不适合，它们之间或多或少总有相适合的部分，也有不相适合的部分。对相适合的部分应当予以肯定、保留，对不相适合的部分则加以变革。例如一个企业的规章制度不适应生产发展的需要，一般或多或少总有相适应的部分，对相适合的部分予以保留、肯定，对不相适合的部分则加以改变、调整，使之适应生产发展的需要。

我国原有的计划经济管理体制不适应社会主义市场经济发展的需要，也不是说经济管理体制完全不适合需要，同样既有相适合的部分，也有不相适合的部分。相适合的部分如公有制为主要特征的经济体制，国家强有力的宏观调控、管理，国民经济整体、长远的计划性等；不相适合的部分如僵化的计划经济管理模式，资源配置的非市场调节手段，以及经济所有制的单一化、简单化等。对僵化的计划经济管理模式进行变革，使之转变为国家宏观调控、管理下的市场经济体制模式。对原来的国有企业进行调整、重组，进行国有企业混合所有制改革，使之转变为有活力的、有效率的市场主体。在所有制问题上，向"公有制为主体、多种所有制经济共同发展"[16]的格局转化。正是这些方面的变革及其一系列相关配套改革，构成了我国改革开放四十多年来经济体制改革的主要内容。

3. 补充法

补充法是指吸纳、补充新的事物来适应、满足事物发展的需要，这种方法是在原来空缺的基础上通过补充新质的事物来求得两者的平衡。例如：为适应生产发展的需要，制定、实施新的规章制度；发展新产业、新经济需要吸纳、配备相应的高新技术人才；加强证券市场监管需要构建新的监管体系等，这些都是运用这种方法的实例。

在人类文明的历史进程中，社会实践的发展会不断提出

---

16. 见《中共中央关于全面深化改革若干重大问题的决定》，2013 年 11 月 12 日中国共产党第十八届中央委员会第三次全体会议通过。

新的需求，如文字发明后需要有方便、廉价的书写材料、书写工具，商品经济发展需要有货币作为交换媒介，货物搬运需要交通运输工具，新的生产力需要有新的组织形式、规章制度、生产关系，18 世纪的工业革命需要有强大的动力机械，现代复杂的工程数据计算和图像信息处理需要有快捷、高效的运算工具……而历史上每一种发明创造的诞生都是适应、满足了当时的社会需要，克服了某种不平衡、不协调，因而每种发明创造实质上也是补充法的应用。

当然，补充法中"新的事物"并不仅是指发明创造，不一定要求是全社会首创的东西。这里所说的"新的事物"含义是广泛的，只要具有新质的东西，就是"新的事物"。补充法就是用补充新质的事物来适应、满足事物发展的需要，求得两者的平衡、协调。

4. 降退法

降退法是指把发展较快的一方降下来，同另一方相适应、相平衡。这种方法是通过对发展较快的一方采取削减措施，使其数量减少，或者水平降低，发展速度减慢，来求得两者的平衡、协调。这种方法与前面讲的促进法正好相反。例如商品供大于求，通过削减生产，使商品可供量减少，与求方相一致；交通干道交通拥挤，堵车严重，通过采取交通分流、限制措施，减少车辆通行，使之与道路承载能力相平衡、相适应。

任何事物的发展，都需要一定的相关条件、因素相匹配。离开一定的条件、因素，事物就不能顺利发展，即使发展了也要被迫退下来。在条件不具备的时候，运用降退法也可以说是顺应了事物发展的规律。这种方法要求通过主动采取削减措施，使一时不具备条件的超前、冒进一方降下来，与另一方的发展相协调、相平衡。显然，这样做能减少、避免折腾和损失，有利于事物的发展。

总之，人们主要通过采取促进、变革、补充、降退这四种方法来克服不平衡，求得平衡、协调。当然，这四种方法的区分是相对的，在实际使用中它们往往是相互渗透、相互包含的。这四种方法既可以单独使用，又可以混合使用，而在实践中它们常常被组合在一起使用。例如一个企业职工的技术文化水平低，制约着生产的发展，分析造成职工技术文化水平低的原因主要有这样一些：企业领导不重视，没有开展对职工的技术文化培训；企业人才结构不合理，高新技术人才缺乏；企业原有的规章制度不合理，压制了职工再学习的积极性。针对这些情况可以采取这样一些措施：领导重视，加强对职工的技术文化培训，促进其水平的提高；改变不合理的规章制度，实行奖励措施，创造条件，鼓励职工再学习的积极性；向社会招聘、吸纳高新技术人才，建立合理的人才结构；调整职工工作岗位结构，使职工所具备的技术文化素质与所从事的工作岗位相适应……通过采取这些措施"多管齐下",促使职工的技术文化水平适应生产发展的需要。这些措施中就包含了促进法、变革法、补充法等方法的应用。

再如上海从 2000 年 5 月 1 日取消了黄浦江大桥、隧道的设卡收费后,越江大桥、隧道车辆通过量激增,以致出现了严重的交通拥挤、堵车现象。如何解决车流量与越江桥隧设施之间严重的不平衡状况呢?当时上海市政府采取了一系列措施,如调整、疏解公交线路,限制部分车种、车辆通行,发挥地铁二号线的运力等,促使车流量降下来,使之与现有的桥、隧通行能力相适应;同时实施建造"一桥三隧"计划(卢浦大桥、吴淞路隧道、复兴东路隧道、大连路隧道),增加越江设施,使之与日益增加的车流量相适应。通过这样一减一增来达到两者的相互适应、相互平衡,解决车辆"过江难"的问题。这些措施采取后,很快收到了较好的效果。这里就运用了降退法、补充法、促进法等多种方法。

需要指出,在运用这些方法克服不平衡时,往往会遇到来自相反方向的阻力,特别是变革法更是如此。克服不平衡归根到底是要用相适合、相协调的方面来取代不相适合、不相协调的方面,这种取代必然是一个经历斗争的过程,特别是在社会领域中由于涉及人们错综复杂的利害关系,这种取代往往会遇到更大的阻力。只有经历斗争,克服这些阻力,才能顺利地实现从不平衡、不协调到平衡、协调的转化。

四、多种多样的平衡

克服不平衡，求得平衡、协调，是协调型冲突解决的内在要求。当达到这种状态时，事物发展所需要的相关条件、因素得到了满足，事物也就能顺利地发展。

协调型冲突要求平衡、协调，那么，怎样才算是平衡、协调呢？这里既有质的要求，又有量的要求。协调的质的要求是指双方在性质上相一致、相符合，如商品供求的协调既要求双方在总量上的一致，又要求在品种、结构上的协调，即要求什么样的东西与提供什么样的东西"门当户对"。再如形式必须适合内容，生产关系必须适合生产力的发展，这里内容对适合的形式、生产力对适合的生产关系，都有性质上的要求。

协调的量的要求是指双方在性质相符的基础上，数量也相符，这种数量的相符或表现为两者量的相等、一致，或表现为两者一定的比例关系。如商品供需双方在品种、结构对路的基础上的总量相等，市场货币流通量与商品流通对货币的需求量相一致，国民经济各部门、各环节之间的比例关系，生产技术设备和其所需劳动力的数量平衡，城市生活网点布局同人民群众生活所需要的数量相一致等，都从数量方面对协调提出了要求。

在质与量的要求中，质的要求是基础，而量的要求则是该种质的数量要求。只有在质和量两方面都"门当户对"，那么它们之间才算真正达到了平衡、协调。

同样是平衡、协调，也有各种不同的情况，体现了各种不同的追求。

1. 高水平平衡与低水平平衡

所谓高水平平衡是指在事物发展的高水平上达到的平衡、协调，反之，在低水平上达到的平衡、协调，则是低水平平衡。"高"与"低"是相对而言的。高水平平衡对于低水平平衡来说是"高"了，但对于事物发展的更高阶段来说，则是"低"了。现代人在生活消费上达到的供需平衡是古代人不能相比的。发达国家的生活消费水平比起发展中国家来说，也要高得多。目前，一些发达国家居民生活消费结构已发生了很大变化，吃、穿占消费支出的比重大幅度下降，而用于交通、医疗保健、教育、娱乐、旅游、服务消费等方面的支出比重大幅度上升；而在一些发展中国家，吃、穿在消费支出中占很大部分，尤其是食品支出的占比最大，物质享受、精神享受的支出则很少。按照恩格尔定律，前者恩格尔系数（食物支出占总消费支出的比重）要远小于后者。

在社会生产中，劳动力的就业结构必须与产业结构相适应。随着生产力的发展，产业结构也在不断地发展变化。从一些发达国家的经济发展史来看，其产业结构一般都经历了以劳动密集型产业为主过渡到以资本密集型产业为主，再过渡到以知识、技术密集型产业为主的发展过程。在知识、技术密集型产业为主的基础上形成的劳动力与产业结构的平衡，比起在劳动密集型产业为主的基础上形成的平衡，显然要高得多。前者就是高水平的平衡，后者则是低水平的平衡。

生产性服务业是为生产服务的，是社会生产的有机组成部分。我国制造业生产中生产性服务业比重较低，发展滞后，且服务业中传统劳动密集型服务业占比偏大，高端生产性服务业占比较少，因此制造业产品附加值和利润率较低。而发达国家制造业以知识密集型的高端服务业为引领，重视产品设计、研发、市场销售、售后服务和商标品牌管理。与发达国家相比，我国制造业的产业结构明显处于较低水平。要改变这种状况，就必须大力发展生产性服务业，大力发展高端技术制造业和高端生产性服务业，使我国由制造大国变为制造强国。

同样是追求平衡、协调，有时候经过努力，前进了一步；放弃了努力，或迫于条件的限制，则后退一步。前者求得的平衡是前进的平衡、上升的平衡，也可以说是高水平的平衡，而后者则是后退的、下降的、低水平的平衡。比如原材料工业跟不上加工工业的发展，克服这种不平衡、不协调既可以把原材料工业搞上去，也可以通过削减加工工业生产能力来求得平衡。前者就是促使生产进一步发展的高水平平衡，而后者则是后退的、下降的低水平平衡。

2. 积极平衡与消极平衡

这是追求平衡的两种不同态度和方法。所谓积极平衡是指发挥主观能动性，并根据客观条件的许可，去争取事物发展高水平的平衡。这是一种积极进取的平衡。而消极平衡则是放弃主观努力、不求进取的平衡。只为平衡而平衡，对发生的问题放弃努力，安于现状，这是消极平衡的特点。比如历史上我国的电力、能源工业曾长期处于紧缺状态，电力供应常常跟不上生产发展的需要。要克服这种不平衡、不协调，既可以通过把电力工业搞上去的方式，也可以通过削减生产能力的方式来求得平衡。倘若通过发挥主观能动性，克服困难，挖掘潜力，采取措施，千方百计把电力工业搞上去，同时降低消耗，节约能源，使电力供应与生产需要在尽可能高的水平上达到平衡，促进生产的发展，那么这种平衡就是积极平衡。而放弃主观努力，只求满足于通过削减生产能力来求得平衡，那么这种平衡就是消极平衡。消极平衡显然是不利于事物发展的，是解决协调型冲突的一种消极态度。

积极平衡要求我们采取积极进取的态度和方法来克服事

物发展的不平衡、不协调，这种态度和方法在当下环境中尤其有着重要的意义。我国社会主要矛盾已经转化为人民日益增长的美好生活需要和不平衡不充分的发展之间的矛盾，当前"不平衡不充分的发展"表现在各方面，如我国的养老产业、家政服务业、教育、医疗卫生健康事业发展的滞后，与民生紧密相关的一些公共产品和公共服务的缺乏，以及在民主、法治、公平、正义、安全、环境等方面的发展与人民群众追求美好生活的需要之间存在的差距等等。面对这些发展不平衡、不充分的问题，我们应当奋发有为，采取积极进取的态度和做法不断去克服、解决问题，满足人民群众日益增长的各方面生活需求。相反，采取消极平衡的做法，不求进取，满足于现状，任凭"短板""瓶颈"问题的存在，是不利于我们的事业发展的。

当然，积极平衡并不等于就是追求高水平平衡。不顾客观条件的许可，不顾及左邻右舍，盲目冒进，去追求所谓的"高水平平衡"，那么这不是在搞积极平衡，而是在臆造平衡、破坏平衡，这种平衡即使达到了，也不可巩固、持久。我国20世纪50年代的"大跃进"时期，经济建设中曾搞过"以钢为纲"，"孤军"突出钢，盲目追求高指标、高速度，结果非但没有把钢铁工业搞上去，反而破坏了国民经济的比例关系，导致整个经济的大倒退、大调整。

可见，必须从实际出发，根据客观条件的许可，实事求是地去追求事物发展高水平的平衡。只有这样求得的平衡才是可行的，才有利于事物的发展。

3. 留有余地的平衡

留有余地的平衡是指在追求平衡、协调上"留一手"，使事情有回旋的余地。为了应付可能出现的各种破坏平衡的因素，争得主动，在求得双方平衡、协调时留有适当的余地，这样求得的平衡、协调就是留有余地的平衡。例如对粮油等重要商品的供给，要在留有一定后备的情况下，做到供求基本一致，产销大体平衡。在采掘工业与加工工业的关系中，要使采掘工业的发展略快于加工工业的发展，使采掘工业的生产能力除维持正常的生产比例、满足正常的需要之外还有一定的余量，以便为加工工业的发展储备更充分的物质力量，使加工工业的发展建立在稳固、可靠的基础上。

留有余地的平衡实质上就是要求在供需平衡中供方的量略大于需求方的量（当然是在品种、结构对路的基础上），这样就可以对付偶发因素，及时作出调整，及时保证供需平衡。这是确保供需平衡的一条重要原则和方法，这种方法对涉及人们利益关系重大的供需平衡，尤其具有重要的意义。

在实际生活中，留有余地的平衡随处可见，例如：

一个国家电力工业的发展速度应适当快于整个工业的发展速度（有的国家把这叫作"电力超前系数"）；

一个城市的能源、水供应在满足日常生活、生产需求后还要有适当后备；

市场的稳定要求商品供给略大于需求；

一国外汇储备应适当大于对外支付能力，留有一定的储备；

社会劳动力的提供在满足各经济部门的需求后应有适当后备，使劳动力留有"蓄水库"……

总之，只有建立在留有余地基础上的平衡才是稳定的平衡，才能争得主动，从而为事物的顺利发展创造条件。而不留有余地的平衡，满打满算的平衡，往往是脆弱的平衡。一旦遇到偶发、突发因素，平衡容易遭到破坏，使工作陷于被动，给工作和事业带来损失。

当然，在留有余地的平衡中，供方的量大于需方的量也要适中，不能过大。否则，此方面的平衡虽满足了，但彼方面的问题（其他方面的不平衡、不协调）又产生和突出了。如商品供大于求超常，就会出现商品库存积压和人力、物力的浪费。那么，究竟供方较需方大多少呢？这要根据实际情况和不同对象的特点来合理确定两者恰当的比例。比如对粮、油、糖、钢材、汽油、木材、煤炭、水泥等关系国计民生的重要商品的生产可供量要比直接的需求量稍大一些。大出多少呢？这里首先要满足预防不测事变、灾害的后备需求；其次要提供一个能调节、稳定市场的储备，以保证生产环节、流通环节上的正常运转；第三，还要提供一个能够造成必要的卖方竞争、商品生产者竞争的余额，形成一定的"买方市场"。这里商品生产的可供量较直接需求大出的数量，就要满足上述这些方面的基本需求或最低限度的需求，过多了不行，过少了也不行。这个数量界限也正是政府管理部门对重要商品生产进行宏观调控所追求的数量目标。

五、连锁反应与链型平衡

以上我们探讨了协调型冲突的平衡、协调问题，但这仅限于双方之间的关系。客观世界是错综复杂的，事物之间是相互联系、相互作用的。在实际中我们遇到的常常不仅是单个的平衡，而是一连串的平衡或一组平衡的问题。链型平衡就是其中的一种。

所谓链型平衡就是指相互关联的一连串事物之间的协调、平衡，如同产生多米诺骨牌效应一样。例如在商品销售中，90 年代曾出现的"西装热"带动了与之配套、关联的一系列商品旺销景象，如各种呢绒销售大幅度上升，一些衬衫、羊毛衫、领带、皮鞋、皮带，甚至美容商品也跟着热销起来，由此出现了由"西装热"引发的一连串"高涨"现象。

"双 11"网购火爆，导致快递业务量大增，原有的快递人手不够，不得不大量雇用临时工加班加点，物流运输也跟着繁忙起来，临时调集大量快递车运送成千上万的网购包裹。一场网购狂欢，电商订单创天量，销售额刷新纪录，商家赚得盆满钵满。由"双 11"网购火爆引发的一连串"高涨"现象，也是一种链型平衡。

上海迪士尼乐园 2016 年 6 月建成开园以来,吸引了大批游客。当初在建造过程中,就带动了当地土地升值、房价上涨以及基建、建材、交通、酒店等行业的发展。开园以后大批游客的到来,又带动了餐饮、旅游、住宿、百货零售业、动漫等文化产品、客运、物流等一批行业的兴旺景象。由"迪士尼热"带动的一连串"高涨"现象,也是一种链型平衡。

在自然界中,绿色植物、草食动物、肉食动物之间形成一条食物链,其间各个营养级、能量转换按照美国生态学家林德曼所说,符合"十分之一定律",它们之间也形成一种链型平衡。

链型平衡的出现,实际上是相互关联的一系列协调型冲突连锁反应、连锁解决的结果。由于连锁反应,常常一个协调型冲突的解决涉及下一个不协调,而下一个不协调的解决又涉及再下一个不协调,以此类推,形成一系列待解决的不协调、不平衡,而通过解决这一系列的冲突,便形成了一系列的平衡即链型平衡。比如一个企业生产的产品不适合市场需求,需要开发新产品,调整产品结构,而要调整产品结构,又发现厂内职工技术文化素质跟不上,需要加强技术文化培训,而要加强技术文化培训,又出现师资力量跟不上,需要加强师资队伍建设,引进专业人才,如此等等。这里从迎合市场需求、调整产品结构出发,引出了一系列的不平衡,而通过克服这一系列的不平衡,就出现了一连串的新的系列平衡组合：

市场需求→调整产品结构→提高职工技术文化素质→加
强师资队伍建设→引进专业人才……

链型平衡用图式表示如下：

A→B→C→D→E→F→G……

（图中 A 代表事物的某一发展变化，B、C、D、E、F、G 等代
表由 A 引起的一系列相应变化）

如同单个平衡可以区分为上升平衡与下降平衡一样，链
型平衡也可以区分为上升的、前进的链型平衡与下降的、后
退的链型平衡。如在经济理论中，有所谓经济周期的说法，
认为市场经济发展会经历繁荣、收缩、低迷与复苏这样的周
期，周而复始。在经济发展经历上升、繁荣阶段，由投资需
求增加到企业生产的兴旺、商业的繁荣、消费的膨胀、银行
信贷的增加等，表现出一系列高涨现象，这就是上升的、前
进的链型平衡；反之，在经济收缩、低迷时期，则表现为下降
的、后退的链形平衡。

1997 年下半年出现的东南亚金融危机引起受害国地区
货币贬值、外资抽逃、银行倒闭、工厂停工、失业人数剧增、
消费需求萎缩、政局动荡、社会不稳，并波及整个亚洲和世
界其他地区。东南亚金融危机引发的一系列连锁反应，则是

一种下降的、后退的链型平衡。

第二次世界大战结束后美国花巨资修建国家公路网，发达的高速公路网带动了当时美国的支柱产业——汽车工业的发展。而汽车消费的快速增长又带动了钢铁、机械制造、电器、石油等产业的发展，以及旅游餐饮、超级市场等服务业的繁荣。由修建高速公路网带动的一系列相关产业"高涨"现象，是一种上升的、前进的链型平衡。

在链型平衡中，经常会出现系列平衡的终点又反过来作用于起点的情况，即出现互为因果的关系，形成循环性的链型平衡。其中，具有"正反馈回路"特点的链型平衡应当引起我们的注意。这种链型平衡表现为循环链中任何一个环节、因素的增加，都会引起一系列变化，结果使最初变化的因素增加得更大。根据其是否对人们有利，又区分为恶性的循环性链型平衡与良性的循环性链型平衡，前者简称为恶性循环，后者则简称为良性循环。

恶性循环是一种对人们工作、事业不利的循环，这种循环形成了一个个"怪圈"，表现为螺旋式下降的后退的链型平衡。例如在一些贫穷地区，由于教育投资少，阻碍了经济的发展，导致经济落后。而经济愈落后，就愈拿不出钱来办教育，就愈贫穷，于是就形成了经济贫穷与教育落后的恶性循环：

经济贫穷→教育投资少→经济更落后→教育投资更少→经济更落后……

在股票市场中，投资者信心丧失，导致买盘稀少，而买盘稀少促使股市进入低迷状态。低迷状态进一步挫伤了投资者的信心，导致买盘进一步减少。这里投资者信心受挫与股市低迷之间也形成了恶性循环。

一个人身体差，心情变坏，心情变坏，身体更差，若不及时改变这种状态，就会陷入"身体差、心情坏"的恶性循环中。

良性循环与恶性循环相反，它是一种对人们工作、事业有利的循环，表现为螺旋式上升的前进的链型平衡。例如学校培养的学生质量高，导致今后职工、干部科学文化水平高，而职工、干部科学文化水平高促使经济发展，经济发展快，教育投资就多，这就促使教育质量进一步提高。这里学校培养人才与经济发展之间形成了良性循环：

学生质量高→职工、干部科学文化水平高→经济发展快→教育投资多→学生质量更高……

一个企业转换经营机制，实施工资收入与经济效益挂钩的激励措施，调动了职工的生产积极性，促使生产发展，职工收入提高。而职工收入提高进一步巩固了激励机制，促使生产积极性进一步提高，生产进一步发展。这里职工积极性的提高与生产的发展、职工收入的提高之间也形成了良性循环。

在市场经济中，企业技术的进步使生产效率提高，产品成本下降，营销扩大，经济效益提高，这又刺激新产品的开发和新市场的拓展。技术进步与经济效益的提高之间也形成了良性循环。

需要指出，良性循环与恶性循环并不是一成不变的，在一定条件下它们之间能够相互转化。在实际工作中，我们应当避免出现恶性循环，而要追求良性循环。因为恶性循环是链型平衡中的怪圈，当我们的工作陷入恶性循环时，如同陷入泥潭，越陷越深。唯有摆脱恶性循环之窘境，使之尽快转变为良性循环，才对人们的工作、事业发展有利。

那么，如何变恶性循环为良性循环呢？应当说，循环链中的任何一个环节、因素的改善，都有助于改变恶性循环的状况。这是因为它们中任何一个环节、因素的改善都会作用于其他环节，促使循环链上其他环节的改善，从而有助于整个恶性循环状况之改善。然而，一般环节的改善只是局部的、细微的改善（或称改良），而改变恶性循环最主要、最关键的是要找出循环链中的关键因素、薄弱环节，只有针对这种环节、因素采取措施，加以改善，才能收到事半功倍的效果，才能从根本上改变恶性循环的状况，使之尽快转变为良性循环。

六、聚焦型平衡与辐射型平衡

一般认为，一个学生成绩的好坏，常常是由许多因素共同作用的结果，包括原来的学习基础、学习能力、主观努力程度、教育工作的好坏、家庭教育和社会影响等。学习成绩好，就需要这些相关条件、因素的配合。在这里，学习成绩好与这些相关条件、因素相配合之间建立起来的平衡、协调，就是我们所说的聚焦型平衡。

聚焦型平衡不同于链型平衡，这种平衡实质上是事物某一发展变化与相关的因素、条件（两种以上）之间建立的平衡，也就是多因与一果之间建立的平衡。用图示表示如下：

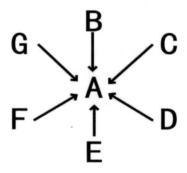

（图中A代表事物的某一发展变化，B、C、D、E、F、G表示引起该变化的相关因素）

再如农作物的生长、发育、成熟需要一定的水、空气、阳光、温度、肥料等，农作物要长得好，就要这些相关因素、条件的配合。农作物长得好与相关因素、条件的相匹配之间建立起来的平衡、协调，也是一种聚焦型平衡。

一个企业要提高产品质量，一般涉及多方面的因素，除了思想认识要重视外，还需要技术设备上的保障，企业职工素质的提高，严密有效的组织管理等。产品质量的提高就是在这些相关因素、条件共同作用下形成的，也就是与这些相关因素、条件建立平衡、协调的结果。

事物的发展变化往往是一个多因素的问题（条件也是因素），或者说，是在多种因素、条件共同作用下形成的。对于复杂事物的发展变化来说，涉及的因素就更多。比如建立一个企业就需要具备资金、场地、产品、加工设备、技术力量、管理、市场需求、人才、劳动力、环保设施等多种因素和条件。由于事物的发展变化往往涉及多种因素，因此聚焦型平衡也是一种很普通、很常见的平衡。

从系统论的角度看问题，我们可以把事物的某一发展变化与相关的因素、条件看成是一个系统组合，在这个系统组合中，必要的因素、条件不可或缺，并且在因素的量上也要达到起码的要求，否则，该事物的某种发展变化、某种状态就不会出现，或者就要打折扣。当然，相关的因素、条件之间往往具有相互补偿的作用，在一定范围内可以相互转化、

相互替代，但其中关键的、必要的因素不可或缺。如上例中
要提高产品质量，若缺少必要的技术装备等硬件保障，或技
术装备等硬件陈旧、落后，单靠思想重视，加强管理等软件
的改善，也是难以达到目的的。

　　既然事物的某种发展变化往往是在多种因素、条件共同
作用下形成的，这就要求我们在追求事物的某种发展状态、
某种目标时，一定要全面考虑相关的因素、条件，谨防片面
性。要知道，只有所有必要的相关因素、条件都具备了，且
都达到了某种水平，那么我们所企盼的事物的某种状态、某
种变化才会出现，我们所追求的目标才能达到。

　　与聚焦型平衡相反的平衡组合是辐射型平衡，这种平衡
是指事物的某一发展变化与其产生的多种影响、结果（两种
以上）之间建立的平衡，也就是一因与多果之间建立的平衡。
用图示表示如下：

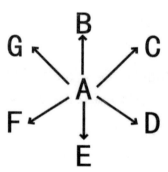

（图中 A 表示事物的某一发展变化，B、C、D、E、F、G 表示由
该变化引起的各种相应变化）

例如上海的会展业已成为一个朝阳产业，每年都要举办各种大型展览会。在举办上海全国消费品交易会期间，万商云集，展览中心周围的餐饮、出租、宾馆、购物、旅游、广告、装潢、通信等行业生意也十分红火。据悉，展览会每增加1元营业额，可以带动相关行业产生4至5元的收益。由于展览会期间提出了多种多样的服务需求，通过解决这些需求，结果带动了周围相关行业的发展。这里，展览会与周围各种相关服务行业之间建立的平衡就是辐射型平衡。

再如上海的道路、市政建设这几十年来发展很快，每年都投入了大量资金，由此带动了冶金、机电、建材等相关行业的发展，并出现了一批为地铁、轻轨建设配套的新兴产业。上海的基础建设还吸纳了大量劳动力，为增加就业、维护社会稳定作出了贡献。城市道路的改善又为上海汽车工业的发展创造了条件，上海的机动车数量也突飞猛进，交通流量大大增加。由道路、市政建设发展带来相关方面的全面"高涨"，这也是一种辐射型平衡。

辐射型平衡实质上是由于事物某一发展变化而提出了多种多样的需求，引起了多种不协调、不平衡，通过克服解决这些不平衡，结果就建立了以该事物发展变化为核心的辐射状平衡。

一事物对周围事物产生的影响、作用往往是多方面的，特别是具有重大影响的重要事物更是如此。例如我国自1978年开始的以建立社会主义市场经济体制为中心的经济体制改革，就对我国社会的各个方面产生了重大影响，引起了政府管理职能、宏观调控模式、市场参与主体、所有制结构、市场运转机制以及社会保障制度、法治建设、社会监督体系和思想观念等一系列配套改革的各种深刻变化。这种影响和变化至今还在持续着。

由于事物产生的影响、作用往往是多方面的，特别是重要的事物更是如此，因此辐射型平衡也是一种常见的平衡组合。

以上我们探讨了三种平衡组合即链型平衡、聚焦型平衡与辐射型平衡，这三种平衡组合实际上也反映了事物之间复杂相互作用（区别于两者之间的简单相互作用）的三种形态，即链型作用（连锁作用）、聚焦型作用和辐射型作用。需要指出，这三种平衡、三种作用的区分是相对的，实际中它们常常相互渗透、相互交织在一起。对于某一事物的发展变化来说，特别是对于具有重大影响、作用的事物来说，其产生的一连串连锁反应的效应，往往同时伴有辐射状作用的效应，而其本身又是多种因素、条件共同作用下的产物。

还需指出，非生命物质之间的相互作用也存在这三种平衡组合，但它们与生命界、特别是人类社会生活中出现的这三种平衡是不同的。在人类社会中，这三种平衡都是在人的意识活动和社会活动的参与下，通过克服不协调、不平衡而建立的，是发挥主体能动作用，以克服、解决一系列冲突的结果。而非生命物质之间形成的这三种平衡组合归根到底是两种相反作用（这其中当然包括物质之间的同向作用）自然平衡的结果。

第三章 兼顾型冲突

一、"两难"问题

在日常生活、工作中，人们经常会碰到一些"两难"问题：

既想吃好，享受"口福"，又怕吃坏身体，造成肥胖；

学校工作既要抓学生的全面素质教育，又要抓"升学率"，但这两种目标追求会发生冲突；

在当前金融体制改革的进程中，银行一方面要积极贷款，发挥和提高金融效率，另一方面又必须规范金融行为，防范金融风险，这两种目标追求也存在着冲突；

国家宏观调控的政策目标也会相互"打架"，出现"两难"问题，如既要扩大内需，刺激消费与经济增长，又要抑制通胀；既要搞活市场，又要稳定物价；既要发展外向型经济，又不能放松国内市场建设；既要发展多种非公有制经济的作用，又要维护公有制经济的主体地位；既要放松银根，又不能过多投入资金；既要追求效率，又要顾及公平；既要推进改革、开放，又要强调稳定……

事实上，我们的很多政策都是在"两难"中作出抉择的，这叫作"船要闯过险滩，船上的坛坛罐罐还不能全打碎"。

这些"两难"问题，也就是我们所说的兼顾型冲突。当然，并不是所有的"两难"问题都属于这类冲突，只有发生冲突的双方不是根本对立的，不是互不相容的，或者说，两者是能够兼顾和结合在一起的，那么这样的"两难"问题才属于此类冲突。

这类冲突的特点是：冲突双方都是事物发展所需要的方面，两者要求兼得，但它们之间又存在着互为反向的作用，存在着一定的此消彼长关系。由于它们之间的冲突是非根本对立的，只要处置得当，两者是能够兼顾和结合在一起的。

从冲突双方的关系来看，这类冲突又可以区分为两种不同的情况：一种是双方具有相互依存的关系，称为"依存性兼顾型冲突"；另一种双方不具有这种关系，称为"非依存性兼顾型冲突"。

第一种冲突（依存性兼顾型冲突），如大家熟悉的自由与纪律、民主与集中、积累与消费、眼前利益与长远利益等双方之间发生的相互制约、相反作用，这种冲突由"相反相成"的两个方面构成，相互之间既存在着一定的此消彼长关系，存在着相反作用，又彼此相互依存、互为条件，谁也离不开谁，任何一方都不能离开对方孤立的存在和发展。

需要指出，第一种冲突并非仅是指相反事物，事实上，它更大量地存在于非相反事物之间，这些事物虽然从直观上看不是相反事物，但在实际中存在着相反作用，这种相反作用是通过因果链表现出来的。例如刺激经济增长与抑制通胀作为政府同时采取的两种政策目标，既是相互依存的，又存在着相反作用。刺激经济增长需要增加投资，增加货币投入，这会引发通货膨胀；而抑制通胀又要求控制投资规模，收紧银根，这会削弱经济增长的势头。

在市场经济运行中，市场调节作用与政府宏观调控、管理也是相互依存的，但它们之间也存在着相反作用。市场行为直接追逐资本的效率和利润，由此必然带来一定的自发性、盲目性和片面性，而政府宏观调控、管理着眼的是市场运行的原则和国民经济全局的、长远的利益，两者目标取向的不同导致它们在实际运行中难免会发生碰撞、摩擦，而健康的市场经济运行必须把两者兼顾和结合起来，即既要发挥市场调节的基础性作用，又要加强政府的宏观调控、管理。

改革、发展与稳定三者之间也是相互依存、互为条件的，同时又存在着一定的相反作用。稳定是改革和发展的前提，没有稳定，什么事也干不成。国民经济持续健康发展是社会稳定的基础，也为改革顺利推进提供了有利的经济和社会环境。发展是硬道理，经济发展了，人民富裕了，好多社会问题也就比较容易解决。改革提供了我们社会进一步前进的动力，也为发展扫清了障碍，并为社会稳定提供了坚实的保障。但是改革的力度、发展的速度要同社会可以承受的程度相适应，不然的话，改革的力度过大，发展的速度过快，超出人们的承受能力，就会影响、破坏社会的稳定。同样，也不能片面强调稳定而拒绝改革，裹足不前。

事实上，任何事物都有两重性，事物之间的相互作用也有两重性，即使是彼此相互依存、互为条件的事物，也同时存在着相互制约的一面，存在着相反作用。特别是当它们之间的关系被扭曲时，当其中一方发展过"度"时，这种相反作用（负作用）更甚。众所周知，食物营养是维持身体健康的一个必要条件，但吃得太多、"太好"也会伤害身体。现代医学研究证明，过多地摄入脂肪和热量容易导致心脑血管疾病。当今心脑血管疾病在全球呈不断上升趋势，其中很大一部分原因就是与人们的"多吃""吃好"有关。

公平与效率也是相互依存、相互制约的。经济效率的提高必须以一定的公平为前提，但公平又必须适度，倘若过分地强调公平，甚至在收入分配中搞平均主义，那么就损害、牺牲了效率，结果会造成如邓小平所说的"共同贫穷"。反之，如果只顾追求效率，不顾公平，那么就会造成两极分化的扩大，破坏社会的稳定，最后反过来也会影响效率的提升。

总之，依存性兼顾型冲突的双方不一定是相反事物，它更大量地存在于非相反事物之间，这些非相反事物之间实际存在的因果反向作用，也构成了"相反相成"的关系。

第二种冲突（非依存性兼顾型冲突）的双方不具有相互依存、互为条件的关系，它们中任何一方都可以不依赖于对方而独立存在和发展。例如看电视与学习的冲突，两者只要妥善安排，是可以兼顾的。但不看电视也可以学习，不学习也可以看电视，两者不存在相互依存的关系。当然，这不是说它们之间不存在相互影响。人们在工作中经常碰到的事业与家庭的冲突，也可以采取兼顾、结合的办法来解决，但它们本身之间也不是相互依存的，不存在内在的必然联系。因为事业的成功不依赖于家庭，离开家庭或单身族也可以取得事业的成功。

这种冲突实际上也就是人们在选择中发生的冲突。众所周知，在社会生活、工作中，每个人经常要作出各种选择，有时候会同时选择多种目标，提出多种需求，而这些目标、需求之间也常常会相互"打架"，发生冲突。倘若这些目标、需求之间是非根本对立的，是可以兼容的，那么人们就可以采取双方妥协和兼顾的办法来解决，"鱼与熊掌"就能兼得，而这些被选择的对象本身之间不一定具有内在的联系，不一定是相互依存的。比如人们选购商品房要考虑到价格、质量、结构、朝向、面积、地段、交通、人文环境等诸多因素，这些因素、要求之间也会发生冲突，如房型好、朝向好，但地段不理想；或地段好，但房型、朝向却不甚理想。一般情况下，人们都是采取各种目标、要求相互妥协和兼顾的办法来解决，但也可以有所侧重，因人而异。这些因素、要求之间并不一定具有内在的必然联系。人们可以这样选择，也可以那样选择，甚至可以放弃某些因素、要求，只对某些方面"情有独钟"。

某人从家里骑自行车去新单位上班，他要寻找一条路程最近的路线，以确定"两点一线"，但同时还要考虑到安全、方便、环境等因素。这些因素、要求之间也会发生冲突。如路程虽近了，但要穿过农贸市场，不方便；或者沿途交通复杂，不够安全；或者沿途十字路口多，容易遭遇"红灯"，耽搁时间等。一般情况下，人们都是统筹兼顾这些因素，找一条路程既较近又能照应到其他各方面因素的路线，但也可以作出其他各种选择。这些因素、目标之间也不具有内在的必然联系，不是相互依存的。

总之，非依存性兼顾型冲突的双方关系不同于依存性兼顾型冲突，它们是两种不同性质的冲突。由于冲突双方关系的本质不同，决定了它们在冲突的解决方法、解决要求上也是不同的。

二、寻找结合点、平衡点

不同性质的冲突，要用不同的方式、方法去解决。依存性兼顾型冲突与非依存性兼顾型冲突的本质不同，决定了它们在冲突的解决方法、解决要求上也是不同的。

由于非依存性兼顾型冲突的双方不具有相互依存的关系，这是人们在多项选择时要求兼得而发生的冲突，因此这类冲突的解决要求一般并不严格，它可以因人而异，根据不同的情况和具体条件作出不同的选择。一般情况下，人们都是采取两者相互妥协、相互兼顾的办法来解决，做到分清主次就可以了。

然而依存性兼顾型冲突情况就不同了，它反映的是事物之间既存在着相反作用，又彼此相互依存、互为条件的关系。这种关系是客观存在的，不以人们的主观意志为转移。不管人们愿意不愿意，也由不得人们选择，它们之间本身就存在着这种关系。因此，这类冲突的解决也必须遵循这种关系，而不能随意违反这种关系，破坏这种关系。也正因为如此，这类冲突的解决要求比较严格，处理好这类冲突也要较非依存性兼顾型冲突复杂得多、困难得多。一般来说，要处理好这类冲突需要做到以下几点：

1. 兼顾双方，防止片面性

由于这类冲突双方存在着相互依存的关系，因此片面发展一方，搞"抑此兴彼"，甚至把它们对立起来，其结果必然是"两败俱伤"，事与愿违。然而在实际中，人们常常忽略了这一点。这里有一个有趣的现象，即对非依存性兼顾型冲突双方，人们总是企图"鱼与熊掌"兼得，而在对待这类冲突的实践中，人们犯的错误常常是"顾此失彼"。比如在处理效率与公平的关系上，只顾效率不顾公平，或只顾公平，不顾效率；在发展生产与保护生态环境的关系上，只顾生产，不顾环境保护；在企业经济效益与社会效益的关系上，只顾本企业利益，不顾社会效益；在自由与纪律的关系上，只要自由，不要纪律约束，不要法治约束。

造成这种情况的原因是多种多样的，但主要不外乎这样两条：一是认识上的原因，二是本位利益、短期利益的驱使。

先谈认识上的原因。应当说，人们对某些事物之间存在的既相互依存又相互制约，甚至存在的负作用，并不是一开始就认识到的。事实上，客观世界中至今还有很多这类关系尚未被人们所认识，或者说认识还很肤浅。当人们还未认识到它们的时候，在行动上就难免要陷于盲目性，难免要犯顾此失彼的错误。例如工业生产对人类生态环境造成的负面影响，并不是一开始就认识到的。曾几何时，当人们陶醉在工业革命、工业扩张所带来的进步和繁荣时，却没有意识到它同时又在疯狂地吞噬着人类的生存环境。直到20世纪60年代环境问题越来越突出，成为全球公害时，人们才逐步认识到以牺牲环境为代价的工业发展所带来的恶果，才开始重视人类与生存环境的关系。人们从惨痛的经验教训中认识到，从事生产、发展经济的同时必须兼顾保护生态环境，要在保护生态环境的前提下去发展工业生产。

对经济发展与保护生态环境的关系，我们也有一个认识过程。习近平主席把经济发展与环境保护的关系比作"金山银山"和"绿水青山"的关系，指出我们"在实践中对这'两座山'之间关系的认识经过了三个阶段：第一个阶段是用绿水青山去换金山银山，不考虑或者很少考虑环境的承载能力，一味索取资源。第二个阶段是既要金山银山，但是也要保住绿水青山，这时候经济发展与资源匮乏、环境恶化之间的矛盾开始凸显出来，人们意识到环境是我们生存发展的根本，要留得青山在，才能有柴烧。第三个阶段是认识到绿水青山可以源源不断地带来金山银山，绿水青山本身就是金山银山，我们种的常青树就是摇钱树，生态优势变成经济优势，形成了一种浑然一体、和谐统一的关系。这一阶段是一种更高的境界，体现了科学发展观的要求，体现了发展循环经济、建设资源节约型和环境友好型社会的理念。以上这三个阶段，是经济增长方式转变的过程，是发展观念不断进步的过程，也是人与自然关系不断调整、趋向和谐的过程。"[17]

公平与效率的关系也是相互依存、相互制约的，双方之间存在着一定的相反作用，对它们之间存在的这种关系，人们也经历了一个认识过程。早期市场经济时期，国家只顾追求资本效率，却忽视、排斥了社会公平问题，结果导致贫富两极严重分化和社会矛盾尖锐化，这种情况反过来制约了效率的提高。在经历了1929～1933年世界性经济大危机后，一些国家陆续采取了政府干预措施，注意了公平问题，如实行个人累进所得税制和建立一整套社会保障体系，建立所谓"从摇篮到坟墓"的社会福利制度。但由于过分偏重社会福利，又出现了另一种极端现象：人们普遍丧失工作热情，懒汉增多，效率低下，浪费严重，资本形成不足，增长率下降。传统社会主义国家长期偏重于公平，却忽视了效率，结果造成经济增长率缓慢和普遍贫困。历史教训反复告诫人们，效率与公平的关系是相互依存、相互制约的，任何时候、任何情况下都必须兼顾双方，处理好两者的关系，不能搞"单打一"，更不能把它们对立起来。

我国自改革开放以来，汲取了历史上的教训，进行经济体制改革，坚持"效率优先，兼顾公平"的方针、政策，极

---

17. 习近平：《造好"两座山"》，《习近平讲故事》，人民出版社2017年版，第181~182页。

大地调动了人民群众的积极性，发挥了市场经济的活力，同时保障、改善民生，不断提高人民群众的生活水平，较好地处理了效率与公平的关系，使我国在短短几十年里社会生产力、综合国力得到了快速发展，人民生活水平也上了一个大台阶。

二是本位利益、短期利益的驱使，也会使人犯顾此失彼的错误。在现实生活中，明知故犯，只顾本企业经济效益、不顾社会效益，只顾局部利益、不顾全局利益，只顾眼前利益、不顾长远利益的现象经常发生，这里就有本位利益、短期利益在作怪的缘故。

当然，犯顾此失彼错误最终是没有好结果的。随意破坏它们之间相互依存、相互制约的关系，到头来必将自食其果，受到惩罚。事实将会迫使人们不得不老老实实地对待它们，不得不慎重地处理它们之间的关系，不得不兼顾两者。不过，此时人们往往已为此付出了沉重的代价。

2. 正确处理两者的辩证关系

正确处理两者关系包括上述"兼顾双方，防止片面性"，但还不止这些。因为两者除了相互依存、相互制约的关系外，还有主次关系以及复杂的因果关系、辩证关系等，也必须正确对待。比如，在处理公平与效率的关系中，要坚持效率优先、兼顾公平，同时效率的提高要以一定的公平为前提；在民主与集中的关系中必须坚持"民主基础上的集中"和"集中指导下的民主",坚持民主与集中的辩证统一。

兼顾双方不是搞"半斤八两",不是搞平均主义,而是要区分主次,区分轻重缓急,处理好两者复杂的辩证关系。

3. 寻找结合点、平衡点

处理好这类冲突最终集中体现在寻求两者的结合点、平衡点上。这种结合点、平衡点既要体现对两者辩证关系的把握,又要体现对各自发展的"度"的把握,是两者结合在质与量的关系上的具体要求。需要指出,两者的结合一般不存在一个最佳点,而只存在一个最佳区间或合理区间。这不仅是因为各方发展的"度"难以把握,它们之间的辩证关系常常有待于人们深入认识,而且这种结合点又不是一成不变的,它随着双方的实际情况以及其他相关因素的变化而变化。由于涉及因素的复杂性及多变性,两者的结合一般不存在一个"最佳点",而只存在一个"满意"、合理的区间和范围。经济学家曾昭宁先生在谈到公平与效率的关系时指出:"现实中公平与效率具体的结合点,则取决于一系列复杂因素。如历史状况、民族心理、人均 GNP、社会承受力、政治稳定度、家庭结构及其作用的变化、技术发展而导致的工作性质变化、人们寿命的长短和出生率的高低等因素,因不同国情的国家和同一国家不同经济的发展阶段而异。因此,公平与效率之间，不存在一个所谓的'最佳点'，只存在一个合理区间。在这一区间内，所谓公平的上限或效率的下限，以不影响经济效率，不出现一定的浪费损失为界限；所谓公平的下限或效率的上限，以社会道德能普遍接受，以维持劳动力最基本的生产和再生产需要，以及不出现一定程度的两极分化和社会动荡为界限。对于像中国这样一个恩格尔系数较高、社会保障面较大的发展中大国，公平与效率的结合点一般朝区间的公平上限的方向移动，至于现实二者的兼顾点具体在区间上的什么位置，政府一般更倾向于政治上的考虑。"[18]

曾昭宁先生这段话，虽然是就公平与效率关系而言的，但对其他这类关系寻求两者的结合点、平衡点也有普遍的参考意义。

结合点、平衡点问题提出了两者结合的具体量化要求。不同的对象之间，在不同的条件和情况下，它们的结合点、平衡点是不同的，需要具体情况具体分析。比如在国有企业人事改革中，为了保持职工队伍的活力和激励压力，一家企业实行员工流动和末位淘汰制。这就涉及相互冲突的两方面因素：若流动和淘汰率过高，不利于职工队伍的稳定，不利于企业生产；而流动和淘汰率过低，又起不到激励作用，职工队伍仍死水一潭。那么淘汰率究竟定在多少才合适呢？这

---

18. 曾昭宁：《公平与效率》，石油大学出版社1994年版，第271页。

家企业确定了5%至8%不同层次的淘汰率，从班子成员到一线工人全部实行末位淘汰制，以此促进全体员工的积极性始终处在一种激活的状态。他们认为，在一个企业经营正常时期，员工流动和淘汰率若低于2%，这个企业就将走向死亡，2%就是一条死亡界线。在一些西方国家，用6%至8%的失业率来调整整个国民的素质，因为失业率低了会养懒汉，失业率高了社会不稳定。企业如同社会。他们认为5%至8%的淘汰率就是企业职工队伍既保持活力又保持稳定这两者的结合点、平衡点。

在企业分配中包括固定部分（基本工资）与灵活部分（奖金）两部分，若灵活的部分过少，分配就没有激烈作用，职工的积极性调动不起来；然而灵活的部分过多，就要影响职工的基本生活，影响职工队伍的稳定。那么固定部分与灵活部分应各占多少比例呢？上述这家企业确定为"四六开"，四成是死的，六成是活的。他们认为活的部分不能过少，少于15%就是一条死亡线，分配就失去了激励作用。"四六开"就是兼顾激励作用和职工生活稳定这两方面因素的结合点、平衡点。

这家企业的做法在他们那里取得了较好效果，但各个企业、各个行业的具体情况、具体条件是不同的，寻找结合点、平衡点的问题还要根据各自自身的实际情况来确定。

在上述几例中，结合点、平衡点都通过某个具体的量化指标体现出来，但它也可以通过某个适度的事物体现出来，以此实现诸要素满意的结合。例如90年代上海在国有企业改革和结构调整中，曾出现了职工大量下岗的情况，一度成为影响社会稳定的大难题。如何正确处理这一难题，涉及如何正确处理改革、发展与稳定三者的关系。当时上海市政府经过调查研究并与各方研究协调，创立了由政府支持、社会资助、企业出面组建的再就业服务中心，专门帮助国有企业职工从企业过渡到社会重新就业。这样既支持了国有企业的改革、发展，又确保了社会稳定，使三种因素的结合找到了满意的平衡点。

再如人们挑选商品一般要考虑各方面因素，如实用、价廉、美观、耐用、便利等，这些因素之间也是相互依存、相互制约的，而受到人们普遍欢迎的商品往往就是兼顾、结合这些因素的商品。"受到人们欢迎的商品"就体现了诸要素满意的结合。

总之，处理好依存性兼顾型冲突要兼顾各方面因素，谨防片面性，要正确处理它们之间的辩证关系，寻求诸要素满意的结合。可见，处理这类冲突比处理非依存性兼顾型冲突要复杂得多，要求高得多。

依存性兼顾型冲突的双方既是相互依存的，又是相互制约的，双方存在着一定的相反作用，特别是当它们的关系被扭曲时，这种相反作用更甚。处理这类冲突，归根到底是要尽可能降低它们之间的负作用（相反作用），促使它们达到相互促进、协调、平衡发展的局面，即达到所谓的"双赢"。需要指出的是，我们这里只说尽可能降低它们之间的负作用，而不是说完全消除这种负作用，这是因为这类冲突双方本身就存在着一定的相反作用，无论我们怎样努力都不能完全、绝对消除这种相反作用。从这个意义上来说，这类冲突的解决也是相对的。

三、综合平衡和系统平衡

前面我们探讨了兼顾型冲突双方之间的关系，然而事物之间是相互联系、相互作用的，在实际生活中有时候人们碰到的此类冲突不只是双方，而是同时面临三方、四方，甚至更多，且它们之间又彼此相互联系、相互制约，构成冲突。比如一项工程建设要同时考虑工期、成本、质量、效用、外观、经济效益等，然而这些要求、目标之间也会发生冲突。如有时候要工程质量牢靠，就不能省钱，要省钱质量就不牢靠；或者要缩短工期，就不能保证质量，要保证质量就不能缩短工期。合理的工程设计、安排就要统筹兼顾这些因素，处理好它们相互之间的关系，求得综合平衡。

在实践中，一个系统所追求的目标往往是多元的，比如一个企业在产品的数量、质量、品种、成本、经济效益、社会效益、品牌形象、市场占有率等方面都有所要求，而这些要求、目标之间是相互联系、相互制约的，它们之间也会发生冲突。一个系统所追求的多元目标也要统筹兼顾，处理好相互关系，求得综合平衡。

所谓综合平衡就是从事物相互关系的总体出发，统筹兼顾各方面要素，求得方方面面的平衡。它不仅要顾及某一方面的平衡，还要顾及其他方面的平衡；不仅要顾及局部的平衡，更要顾及全局的、总体的平衡。这是一种全面的、总体的平衡。

当然，综合平衡不是搞"四平八稳"，不是要平均分配力量，而是要在区分主次、处理好相互关系的前提下，兼顾各方面要素，求得方方面面的平衡。

综合平衡是人们在实践中经常运用的一种方法。它的综合范围可大可小，范围小的，只是两三个因素的平衡，范围大的，可包括一系列、无数个环节、因素的平衡，前者如眼前利益与长远利益之间的综合平衡，后者如国民经济各部门、各环节之间的综合平衡。

综合平衡也不仅是指各种兼顾性因素的平衡，它还包括协调性因素的平衡。需要指出，这两种平衡是不同的。平衡在不同的情况下具有不同的含义。兼顾性因素平衡是指兼顾各方、不片面发展一方的意思，而协调性因素平衡是指双方同步发展、协调一致的意思，虽然都是平衡，但含义是有区别的。至于在对抗性、敌对性冲突双方之间也会出现平衡情况，但这种平衡是指双方势均力敌的意思。

事实上，每一种真正意义上的综合平衡都包含着两种平衡，即兼顾性因素的平衡与协调性因素的平衡。因为它是一种全面的、总体的平衡，而不是片面的、局部的平衡。例如国民经济的综合平衡中，既包括积累与消费、生产与生活、经济建设与国防建设、经济建设与科技文教事业建设、眼前利益与长远利益、局部利益与整体利益等各种兼顾性因素的平衡，又包括社会人力、物力、财力各自的平衡，社会总供给与总需求的平衡，以及国民经济各部分、各环节之间一系列协调性因素的平衡。即使像眼前利益与长远利益之间的综合平衡，也包括两种平衡，其中眼前利益、长远利益与主体自身需求分别是协调性因素的平衡，而两者之间则是兼顾性因素的平衡。

综合平衡是一种科学思维和方法，它体现了全面的、辩证的、理性的思维，这种思维方法只有最高级的动物——人类才具有。而这种思维、方法的雏形实际上早在远古时期人类学会制造工具时就已经有了。人类制作的每一样工具、产品都物化着人们的各种需求，如实用、方便、省力、安全、耐用、美观等要求，这些要求之间也是相互联系、相互制约的，彼此会发生冲突。因此需要统筹兼顾，处理好相互关系，求得综合平衡。当然，远古时期人们的这种思维、方法是不自觉的、朦胧的、低级的，那时的需求也是极其简单、低级的。随着社会生产力的发展，人类的社会需求也在发展——从简单到复杂、多样，从低级到高级，而这种需求的发展变化也体现在人类制作的工具、产品中。比如现在人们制作的衣服不像古代人仅仅是为了保暖、遮体、原始美等一些粗浅需要，而是要考虑到适体、新颖、美观、经济、款式、耐久、社交等各种因素，甚至还有保健及个性化因素，现代服装实际上就是将这些相互联系、相互制约的要素统筹兼顾和不同组合而设计出来的。现代住房也不是如同古代人们只是为了挡风避雨、栖身居住、防御野兽伤害等简单、低级的需要，而是有了多种多样的考虑，在用途上分睡眠、用餐、会客、学习、卫生、娱乐、健身等方面的需求；在外观结构上追求新颖、美观；在经济上追求价廉物美；在使用上追求舒适、方便、耐用、安全等；在环境方面追求配套设施及生态组合等，正是这众多需求的统筹兼顾和不同组合，决定了现代住房的各种结构形态。

除了上述人们制作的工具、产品中包含着综合平衡的思维方法外，在实际生活中还有很多事物直接就是这种思维方法的体现。例如桥就兼顾了陆地交通和水路交通的需要。在陆路交通和水路交通发生冲突的情况下，架桥是一种解决冲突的好办法，它既满足了陆路交通的需要，又顾及到了水路交通的需要。我国古代劳动人民早就懂得了架桥，据说在春秋战国甚至更早的时候，我国已出现了梁桥、浮桥、吊桥等各种桥梁。

租借也是如此。一件商品需要使用，但又嫌价格贵，不想买下来，或者只想使用一阵子，这样就想到了租借。租借这种行为、行业，既考虑到价格、使用时间等因素，又考虑到使用的需求，是诸方面因素统筹兼顾的产物。

在医疗技术中，"微创"这种技术创伤小，在保证手术质量的前提下，又兼顾了病人术后的生活质量，深受病人欢迎。微创技术就是兼顾手术质量和病人利益的产物。

立体仓库是兼顾场地和仓储的产物，软玩具是兼顾儿童玩耍和人身安全的产物，简易房是兼顾居住使用和成本、时效的产物……

可以说，人类发明、制作的每一样成功的工具、产品，每一样成功的发明创造，都体现着综合平衡的思维、方法，不仅如此，人类的自身组织、人类社会本身结构的各个方面（包括政治的、经济的、法律的、文化教育等方面）所体现出来的多种多样的复杂需求，以及人类对各种发展目标的追求，也需要统筹兼顾和求得综合平衡。例如现代国家的民主政体一般都体现了代表性、制衡性、集中统一性、专业性、合理性、民族性、有效性以及历史传统性等要素，是这些要素统筹兼顾和不同组合的产物。国民经济和社会发展规划要对国民经济各部门、各环节的发展目标，科技、经济、文化、教育的发展目标，以及人口、劳动就业、居民收入和消费、城乡建设和社会福利事业、卫生事业、体育事业、环境保护等诸多方面的发展目标，进行统筹兼顾，求得综合平衡。

比综合平衡更高级的是系统平衡。20 世纪以来，随着生产和科学技术的发展，人们在生产活动、组织管理、科学研究等活动中遇到的对象愈来愈复杂，涉及的因素愈来愈多，事物的整体关系也愈来愈重要，这就迫切需要人们从系统的角度出发来处理、解决问题。系统概念、系统论、系统方法正是在这种背景下产生和兴盛起来的。而现代数学（特别是作为应用数学的一个分支的运筹学）、控制论和信息论等相关科学的发展以及电子计算机的产生和发展，也为人们从系统角度处理、解决问题提供了可能。在追求协调、平衡上，人们也不再满足某些要素、某一层面的总体平衡，而开始追求系统的协调、平衡。

所谓系统平衡就是从系统的角度出发求得的总体平衡，它是一种多层次的、立体的、全方位的平衡，既包括系统本身各环节、各组成部分之间的协调、平衡，又包括系统内外环境的平衡；既包括系统本身结构与其功能、目标的协调、平衡，又包括系统各种发展目标的平衡；既包括系统横向的平衡，又包括系统纵向的平衡。可以说，它是人们追求协调、平衡的最高级形态。而综合平衡只是某些要素、某一层面的总体平衡。简单的综合平衡可以只是两三个因素的平衡（如眼前利益与长远利益的综合平衡），当然它也会以极其众多的要素、极其复杂的形态出现（例如国民经济发展的综合平衡），但它本质上还是在某一范围内，某些要素的总体平衡。

系统平衡也有规模大小、层次之分。按照系统规模的相对大小和从属关系，可以区分为大系统平衡和小系统平衡，或母系统平衡和子系统、分系统平衡。例如整个社会系统的平衡就是大系统平衡，而一个部门、一个工厂的系统平衡就是小系统平衡或子系统平衡。

系统平衡是系统优化的必备条件。系统优化正是在一定环境条件制约下，内外各种因素达到协调、平衡状态下求得的整体结构、功能和目标的优化。也就是说，系统优化是建立在系统平衡基础上的。若系统不平衡，就会影响系统功能的发挥和目标的实现，当然也就谈不上系统的优化。

系统平衡也是相对的。由于各种因素的影响，由于事物发展的不平衡性，系统的某些方面、某些环节的平衡将经常被打破，从而影响到整个系统的平衡，因而需要不断地进行调整、完善，不断地去建立新的系统平衡，以促进事物的发展。

第四章 排除型冲突

一方排除另一方

排除型冲突是大家最熟悉的一类冲突。这类冲突双方是根本对立或不相容的,冲突的解决就是要求一方排除、取代、消灭另一方。如战争中敌我双方的较量、正义与邪恶的斗争、真理与谬误的斗争等都是采取这种方式来解决冲突的。

在人类社会中,一切危害人们社会利益、发展利益的事物、现象,人们也是采取排斥、排除态度的,它们与人们社会利益的冲突也属于排除型冲突。在这里,一方代表人们的社会利益、发展利益,另一方则是与之相抵触、相冲突且应当被否定、排除的事物。从这种视角来看排除型冲突,可以发现这种冲突在人类社会中是广泛存在的,是人们在日常生活、工作中经常碰到的,人们每天都在对付和处理着各种各样的排除型冲突。

需要指出,前面我们探讨了协调型冲突中事物的发展以及兼顾型冲突要求兼顾的事物,显然这些事物都是指符合人们社会利益、发展利益的事物,是应当肯定、发展的事物,而排除型冲突要求排除的则是不符合人们社会利益、发展利益的事物。

下面我们将具体探究从这种视角来观察的排除型冲突。

首先需要明确一下，社会利益也就是指人们的公共利益、大多数人的利益、人类的发展利益，而不是指个人或集团的一己私利。而与人们的社会利益、发展利益相抵触、相冲突的事物、现象主要有这样一些：

（1）各种敌对性事物、各种犯罪行为（这是在法律范畴内被定性为"犯罪行为"的一类行为、现象），如走私、贩毒、偷盗、抢劫、杀人、放火、贪污、腐败、偷税抗税、敲诈勒索等犯罪行为，都有碍于社会正常秩序的建立，侵犯人们的合法权益，给国家和人民群众的利益带来重大损失，它们与人们的社会利益、发展利益存在着尖锐的冲突，对这些犯罪行为理应坚决地打击、排除。

（2）各种不良事物、一般的违法行为（这是在法律范畴内被定性为"一般违法行为"的一类行为、现象），如商界的不正当竞争、广告中的不规范用语、虚假广告、城市违章搭建、违反交通法规、生产销售以次充好产品等一般违法、违规行为，这些行为也侵犯了人们的社会利益、发展利益，不利于社会正常秩序的建立，也应排斥之、取缔之。当然，这类行为与犯罪行为在性质上有区别，因而对两者采取禁止、取缔的方法也不同。在我国，对犯罪行为是用刑法加以规范、惩治，坚决打击，而对一般违法、违规行为则适用于行政处罚条款，对行为人进行批评教育，直至纠正。

（3）弊大于利的事物。这类事物既有益处，又有害处，但总的来说是害处大于益处。这类事物人们在经过权衡利弊后，也是采取排斥、取缔态度的。

当然，有些事物究竟是否有害，究竟是弊大于利，还是利大于弊，在开始时往往并不直接显露出来，这里既有一个认识过程，也有一个客观事物从表象到本质的暴露过程。但经过一段实践认识后，人们总结了利害得失，认识到了某一事物是弊大于利或有害后，对之就应果断采取排斥、取缔的态度。如传销这种营销方式刚传入国内时，曾在中国大地上火了一阵子，但经过一段实践证明它弊多利少，不利于开展正常的市场竞争，不利于市场秩序的建立，甚至给各种假冒伪劣产品、诈骗活动以可乘之机，带来诸多社会问题，因而很快就受到政府的禁止。

有奖储蓄在 20 世纪 90 年代曾经是各商业银行、邮政储汇局热衷兴办的业务，但中国人民银行的有关人士指出，根据中国人民银行公布的法定存款利率，每个存款人都应得到其合法的利息。而有奖储蓄把大多数存款人的利息集中支付给少数得奖的存款人，这显然有失公允。因此，开办有奖储蓄是弊大于利，应予以停止。

中小学生玩电子游戏机也是弊大于利。有人把电子游戏机比喻为"电子海洛因"，它极易使年幼无知、缺乏自控能力的孩子上瘾，造成荒废学业、损害心理健康、损害视力的恶果，有的电子游戏机房甚至利用电脑游戏赌博，使一些未成年人沉湎于其中，甚至走上犯罪道路。鉴于中小学生玩电子游戏机弊大于利，国家有关部门早就规定电子游戏机房不得向中小学生开放。

现在小学生书包重，一些老年人送孩子上学时用拉杆书包，虽然省力、方便，但不久便遭到了学校的禁用通知。这是因为使用拉杆书包弊大于利，存在着很大的安全隐患。拉杆书包无法放进课桌里，只能放在座位旁边，占用通道，不仅影响通行，还有可能绊倒学生。一些校园踩踏事故就是因为安全通道堵塞造成的。

（4）不适合需要的事物，过时、落后的事物。对不适合需要的东西，显然人们都是采取排斥态度的，对过时、落后的东西人们一般也是采取排斥、排除的态度，这是因为过时、落后的东西与人们的发展利益是相抵触、相冲突的，一旦有更先进、更符合需要的东西能够取而代之，人们总会毫不犹豫地这样做。众所周知，在科技、生产、生活等各个领域，先进的事物取代落后的事物，适合需要的事物取代已过时的、不适合需要的事物，伴随着人类文明进步的历史，从未有间断过。

总之，一切不利于人们的社会利益、发展利益的事物，一切危害、有损于人们的社会利益的事物，都在排斥、排除之列。它们与人们利益之间的冲突属于排除型冲突。在这种冲突中一方代表人们的社会利益、发展利益（其角色主要应由政府担当，因为按照社会职能要求，政府应当是人民群众利益、社会公共利益的代表者，当然这里也需要有人民群众的积极参与），另一方则是与之冲突且应当被否定、排除的对象。

排除型冲突是通过一方排除、取代、消灭另一方来解决冲突的，这种排除、取代当然是一个经历斗争的过程，特别是涉及社会领域中的一些对象，由于与人们之间有着错综复杂的利害关系，且有着深刻的历史根源和社会根源，要排除它们常常不是件容易的事，甚至需要经历一个长期、反复、曲折、艰巨的斗争过程。如反走私、扫毒斗争充满着刀光剑影，世界各国每年都为此投入重兵，耗费了大量人力、物力、财力，但全球走私、贩毒等犯罪活动仍十分猖獗，屡禁不止。这种斗争还将长期进行下去。

排除型冲突的解决是要一方排除、取代、消灭另一方。那么如何来达到一方排除、取代另一方的目的呢？归结起来，人们主要采取以下几种方法：

一、直接排除法

这种方法是以直接消灭、排除对方为目的，如在战争中消灭敌人、肃清反革命势力、铲除腐败，以及对其他危害、有损于人们社会利益的事物、现象采取禁止、取缔行动，都是这种方法的具体应用。

使用这种方法也要讲究实效。对一切危害、有损于人们社会利益的行为、事物，借助国家权威机关及其强制力，通过立法加以禁止、取缔，无疑是一个有效的方法，也是现代法治社会经常运用的方法。这样做，一方面可以借助国家的强制力和法律的权威，在全社会迅速地统一人们的思想认识，明辨是非，规范人们的行为；另一方面通过运用法律武器，也能够有效地达到目的。

在现代法治社会中，不仅对严重破坏社会秩序、损害人们利益的邪恶行为、犯罪行为，世界各国早已普遍地制定了相关的法律（如刑法），加以禁止、惩处，而且对一般的社会不规范行为，弊大于利、有害于人们社会利益的事物、现象，人们也越来越多地运用法律武器来加以禁止、取缔（如制定越来越细密的民法、商法、经济法等）。我国在建设中国特色社会主义进程中，也愈来愈多运用法律武器来惩处、取缔一切危害、有损于人们社会利益的事物、行为，如在发展社会主义市场经济中，对出现的不正当竞争、虚假广告、生产销售假冒伪劣产品、商业贿赂，以及股票市场上欺诈上市、内幕交易、市场操纵、虚假信息，还有月饼、新茶、大闸蟹等时令礼品的过度包装、豪华包装等扰乱、破坏市场正常秩序、损害消费者合法效益的事物、行为，政府有关部门先后出台了一系列相关的法律、法规，对之进行禁止、惩处、打击。

用立法来规范人们的行为，通过立法来禁止、取缔一切危害人们社会利益的事物、行为，是现代各法治国家普遍采取的做法。我们常常慨叹西方发达国家法令之细密繁杂，如英国竟有关于果树枝延伸到邻居家如何处理的规定，德国有明确的法令规定你何时剪树篱，也有明文规定你何时及如何清扫楼梯、地下室和人行道，还规定在法定休息日不准修剪草坪等。这些法规、法令是否恰当另当别论，但对有碍于社会正常秩序和有害于人们利益的行为、现象，通过立法加以规范、禁止，是现代法治社会发展的必然趋势。

当然，"徒法不足以自行"，立法还必须和严肃执法、依法惩处结合起来，只有这样，才能够有效地达到目的。

二、打击削弱法

打击削弱法也是经常运用的一种方法。事实上，有很多社会邪恶行为、犯罪行为往往有着深刻的社会历史根源和思想根源，涉及错综复杂的利害关系，在这种深刻的社会历史根源和思想根源没有彻底肃清之前，要彻底消灭它们是很困难的，甚至是不可能的，而对之进行不间断的打击、削弱，往往是更加行之有效的办法。如贪污、盗窃等犯罪行为作为社会现象，由于有着深刻的社会历史根源和思想根源，在当今社会中难以从根本上消灭它，只能通过惩治犯罪，"杀一儆百"，加强防范，完善制度，来打击、削弱、抑制之。在革命战争中，对一时力量强大的敌人，也运用打击、削弱的方法，达到逐步消灭之。1998 年中国大地上大规模的反走私斗争，也是一次集中打击走私的行动。通过这场斗争，猖獗的走私活动终于被压了下去，取得了明显的成效。当前开展的"扫黑除恶"专项斗争，国家也组织多部门力量，重拳出击，严厉打击地方黑恶势力及其背后"保护伞"。

对立面之间的斗争往往遵循"弹簧原理"，即"你弱它就强，你强它就弱"。对社会邪恶行为、犯罪行为以及不正之风的斗争都是如此，只要人们稍微放松了警惕，麻痹大意，或在这方面心慈手软，它们就会卷土重来，日益猖獗；反之，实施严厉的打击、削弱，它们也就没戏好唱了。

三、标本兼治法

为了从根本上杜绝、排除有害的事物，人们往往进一步寻找它产生的根源，从杜绝根源上着手，采取标本兼治的方法，进行综合治理。如对国家工作人员的贪污、受贿等犯罪行为，不能仅仅就事论事地进行打击、惩治，还要从健全制度上加以防范，进行顶层设计，加强监督，对"公仆"加强思想教育，采取综合治理的方法加以克服之。再如对现代工业生产中产生的环境污染，也要采取标本兼治、综合治理的方法，以达到净化环境、保护生态的目的。实际经验告诉我们，单单治标，而不治本，所谓"头痛医头，脚痛医脚"的做法，不能从根本上解决问题，不能收到好的效果。

标本兼治实质上是一项系统工程，它要求围绕排除对象采取一系列综合的、系统的措施。不仅要在治标上采取措施，更重要的还要在治本上采取措施；不仅要对有害事物产生的根源进行系统的分析，找出它产生、滋长的各种条件、原因，而且在针对原因采取措施上，也要"多管齐下"，协同配合，防止片面性。例如 1998 年 7 月在全国范围内开展的严厉打击走私的斗争，就采取了一系列综合的、系统的措施。针对日益猖獗的走私活动,中央政府不仅确立了打击的重点(即法人走私,特别是有特殊背景的法人走私),从重从快地查处了一批走私的大案要案,还把反走私斗争同深化改革结合起来,同"强化法制、整饬秩序、加强监管、惩治腐败"结合起来,建立了反走私新体制,组建了国家缉私警察队伍,落实反走私领导责任制,加强海关队伍建设,全面提高人员素质,特别是加强领导班子建设,并充实和加强缉私装备力量,提高反走私的战斗力。总之,采取了一系列标本兼治、综合治理的措施,经过各方面的努力,很快就遏制住了猖獗的走私活动的势头。

当前开展的"扫黑除恶"专项斗争也在标本兼治上采取了一系列措施。这次扫黑除恶斗争重视综合治理、源头治理,不仅打击地方黑恶势力犯罪,而且铲除其背后"保护伞",把扫黑除恶和反腐败、加强基层组织建设结合起来,力求既有力打击震慑黑恶势力犯罪,形成压倒性优势,又有效铲除黑恶势力滋生土壤,形成长效机制,防止其死灰复燃。由于采取了一系列标本兼治、综合治理的措施,一年多来扫黑除恶专项斗争取得了重大胜利。据《新京报》报道,截至2018年12月底,仅河北、山西、辽宁、福建、山东、河南、湖北、广东、重庆、四川等10省市就打掉涉黑犯罪组织100个,摧毁恶势力犯罪集团1129个,查封、冻结、扣押涉案资产49.43亿元,查处涉黑涉恶腐败和"保护伞"问题2896件,涉及

3021 人，推动社会治安环境明显改善，党风政风社会风气明显好转，人民群众安全感、满意度明显增强。

四、此长彼消法

为了更有效地孤立、打击、排除有害的事物、敌对势力，人们往往同时采取加强、发展与之对立一方的力量，也就是用"此长彼消"法来达到削弱、遏制对方的目的。这是对立面斗争"此长彼消"原理的具体应用。如在与社会歪风邪气做斗争中，树立良好社会风气，弘扬正义，表彰先进，加强思想教育，发挥舆论监督作用，通过立法来规范人们的社会行为和社会秩序，加强人们的道德自律作用等，都是这种方法的应用，以此达到遏制、削弱、打击一切不良社会风气的目的。在革命战争中，发展壮大革命武装力量，强化同盟军，建立统一战线，也是这种方法的应用。

对立面之间的力量对比有如"不是东风压倒西风，就是西风压倒东风"。利用对立物之间力量对比变化的这种规律性，积极发展、壮大代表人们社会利益一方的力量，积极发展、壮大人类进步的事业、正义的事业，便能有效地遏制、孤立、打击邪恶的事物、敌对势力，从而为最终排除、消灭它们创造条件。

五、取而代之法

过时、落后的东西与人们的发展利益也是相抵触、相冲突的，用更先进、更有利、更符合人们需要的事物来取而代之，也是人们常采取的做法。如科技发明史上用内燃机取代蒸汽机，电话取代电报，电子计算器取代算盘，节能灯取代白炽灯，"绿色产品"取代环境污染产品；在生产中用适合需要的工作制度取代过时的、不适应需要的工作制度；在社会变革中用先进的社会制度取代落后的社会制度等等，都是这种方法的具体应用。

取代有部分取代和完全取代两种。在实际社会生活中，只要被取代的事物还有客观需要，还有"用武之地"，那么它就还有一席生存之地，还不会被完全取代。如电子计算器取代算盘就是部分取代。虽然电子计算器较算盘省力、快多了，但算盘是一种低成本的简易运算工具，打算盘时手、眼、脑需要并用，能够锻炼人们的计算能力和思维能力，特别是对小学生的数理启蒙教育很有帮助，因此它仍然有"用武之地"，还不会被完全淘汰。节能灯取代白炽灯也是部分取代，白炽灯虽然较节能灯发光效率低、能耗大，但它结构简单、成本低、光源稳定，用作照明工具简便易行，因此它也不会被完全取代。其他如电子邮件取代邮局投递、互联网信息取代书报、电灯取代蜡烛、电子货币取代纸币、电子支付取代现金交易等，也属于部分取代。

取而代之法是从根本上解决问题的一种方法。从人们的需要角度来讲，对过时、落后的事物单单采取排斥、排除的方法往往并不能解决问题，或者说问题只是解决了一半，因为人们的需求仍然存在，它需要得到填补。只有用更有利、更符合人们需要的事物来取而代之，满足人们的需求，那么这才从根本上解决了问题，也才能真正实现"一方取代另一方"。

需要指出的是，这种取代、排除应当是辩证的否定，即批判地继承，也就是对被取代的旧事物的糟粕、缺陷应当否定，而对它的合理成分则应当肯定、继承。在这里，切不可犯"连洗澡水和婴儿一起泼掉"的错误。

六、改造转化法

这种方法是对排除对象改造利用，转化成为我之物、有用之物。这种方法通过改变事物的性质、用途既达到了排除的目的，又满足了人们的需求，可以说是一举两得。例如，对犯罪分子的改造，通过强制性的惩罚和教育措施（在监狱服刑、劳动改造、强制教育等），促使其转化，成为有利于社会的新人。这种方法对罪犯改造尤其具有重要的意义。因为对罪犯来说，要消灭的是其犯罪行为，而不是其肉体，不是作为一般意义存在的"人"。当然，对罪大恶极而判死刑的罪犯，这又当别论。

对工业、生活废弃物的改造利用，也是这种方法的应用。随着社会生产的不断发展，人民群众生活水平的提高，工业、生活废弃物越来越多，人类生存环境已经不堪重负，许多城市出现了"垃圾围城"的现象。传统上对废弃物单纯地采取抛弃、掩埋的处理方式越来越没有出路，而对其改造利用，使其资源化，使之纳入循环经济之中，则是当今对付工业、生活废弃物的最佳办法，也是世界发展的趋势之一。

需要指出的是，运用改造转化法要求被排除对象必须具有改造转化的可能，且要有改造转化的利用价值，否则，就不适用这种方法。至于如何改变排除对象的性质、用途，从而促使其转化，这涉及事物发展变化的特殊规律性问题。对于任何改造转化来说，只有遵循客观世界相互作用的因果规律性，满足事物转化的具体条件，才能有效地达到改造转化的目的。

总之，人们主要是运用直接排除、打击削弱、标本兼治、此长彼消、取而代之、改造转化等方法，来达到排除、取代一切不利和危害社会利益、发展利益的事物、现象，实现"一方排除另一方"的目的。当然，这些方法的区分也是相对的，它们之间也是相互联系、相互渗透的，在实践中人们往往交叉、综合运用这些方法来达到目的。

第五章 和解型冲突

消除纠葛、明辨是非、达到和解

　　和解型冲突主要是指人类自身之间发生的非根本对立的利益冲突，或者说是在人类发展利益根本一致的基础上发生的冲突。它在人类社会中是广泛存在的，伴随着人类社会演变的历史，从未间断过。

　　由于在社会活动和交往中，每个人、每个社会群体各有自己的利益目标追求，每个人的人生观、价值观也不尽相同，相互之间发生利害关系的摩擦、冲撞是难免的。人和人之间的冲突归根到底是利益的冲突。当然，这种利益冲突不仅仅表现在物质方面。美国著名心理学家马斯洛曾对人的需求有过精深的研究，他将人的需求分为生理需求、安全需求、归属和爱的需求、尊重的需求、自我实现的需求等五个层次。由此看来，每个人除了基本的物质利益之外，还有精神方面的利益，还有自我表现、自我实现的利益诉求。和解型冲突就是指人与人之间发生的各种非根本对立的利益冲突。

　　这种冲突的表现形式也是多种多样的，冲突双方大致有这样的几种情况：第一种是在个体之间、群体之间表现出来的，如邻里纠纷、夫妻不和、同事反目、公共场所发生的各种民事纠纷等；第二种是在个人、群体与社会群体组织之间表现出来的，如业主与物业管理部门的纠纷、消费者与商家的纠纷、餐饮店油烟扰民等；第三种是在社会群体组织之间表现出来的，如企业之间的利益纠纷，国际上围绕领土、主权、资源、经贸、文化、宗教、种族、价值观念、信仰等方面发生的国与国之间的利益摩擦等。

与前几种冲突不同，这种冲突双方的主体都直接是人本身或者社会群体组织，各个利益主体都是独立的、平等的，都有正当发展的权利，或者说都有存在和发展的正当性，对它们之间发生的冲突既不能用"一方排除另一方"的方法来解决，也不能用对待协调型冲突、兼顾型冲突的方法去处理。解决这种冲突主要通过协商、谈判、说理等方法来消除双方的纠葛，明辨是非，排除障碍，从而达到和解，使各方都得以顺利地发展。由于这种冲突所具有的特殊性，其解决方法及所遵循的原则、指导思想也有了自己的特殊性。

一、和为贵

人际关系应当求得和谐。和谐、合作是人类得以生存和发展的根本条件，是人类事业兴旺发达的助推器。孔子说："礼之用，和为贵。"（《论语》）他强调了人际关系和谐的重要性。孟子也说："天时不如地利，地利不如人和。"（《孟子》）我国古代先哲们历来重视人际的和谐关系，把"和"看成是处理人际关系追求的目标，并由此形成了中华文明中的"和合精神"和"和合文化"传统。

在处理和解型冲突中，要树立"和为贵"的思想，做到以和为贵，并把这种思想贯彻始终。因此，在待人处事中要尊重别人，理解别人，做到谦让、宽容，如俗语所说"将军额上能跑马，宰相肚里能撑船"。要尽量减少、避免发生冲突，防止已经发生的冲突激化，特别是反对使用武力、暴力。武力、暴力只会使问题变得更加复杂化，使冲突的性质发生变化。还要寻找正确的方法，通过双方对话、谈判、平等协商，合理地解决存在的分歧。总之，在处理和解型冲突中，要始终把"和"作为追求目标之一，树立"和为贵"的思想，并用这种目标来约束自己。

和解型冲突在我国现阶段主要表现为人民内部矛盾。在处理人民内部矛盾时，我们常会说："从团结的愿望出发，经过批评或者斗争使矛盾得到解决，从而在新的基础上达到新的团结。"[19]"团结"也就是和谐、合作的意思。

当然，追求"和"并不是要无原则的"一团和气"，并不是否认必要的斗争。讲清道理，明辨是非，进行有理、有节的必要斗争，也是正确解决这类冲突所必须具备的要素。但这一切目的都是为了促使冲突得到公正、合理、妥善地解决，促使人际和谐关系的重新建立。

---

19. 毛泽东《关于正确处理人民内部矛盾的问题》，《毛泽东选集》第五卷，人民出版社 1977 年版，第 369 页。

二、对话、交流、协商

开展对话和交流能减少、避免人际关系冲突。实践证明，有很多冲突是由双方误判或猜疑引起的。而不进行对话和交流是造成误判或猜疑的重要原因。"鸡犬之声相闻，老死不相往来"，彼此隔阂必然越积越深。相反，通过对话和交流就能增进相互了解、谅解，一些误会也能及时地得以消除，从而能减少、避免冲突的发生。

协商、谈判、对话和交流是解决冲突的正确途径和方法，而猜疑、打击、报复、对抗只能使问题复杂化，使冲突扩大，结果导致两败俱伤。处理邻里纠纷是如此，处理同事之间的纠纷、企业之间的纠纷也是如此，甚至国家、民族之间的冲突也是如此。例如多年来中美两国在经贸、台湾问题、人权、知识产权等方面发生的冲突，就从正反两方面印证了这一点。当中美两国开展诚意的对话、交流、协商，两国关系就发展，冲突也就缓和；相反，猜疑、打击、报复、对抗只能使两国关系出现僵局、倒退、紧张。

需要指出，对话、交流、协商、谈判必须建立在相互尊重和平等互利的基础上，建立在诚意的基础上，这是开展有效对话、交流、协商的前提。离开了这些前提、基础，对话、交流、协商或者难以进行，处于僵局，或者收效甚微，流于形式。

对于冲突中涉及的具体问题，要通过谈判、协商，合情合理地解决。在这里，威胁讹诈，以势压人，甚至诉诸武力，都不能使冲突得到真正的解决，而只会使冲突恶化，带来恶果。

三、第三方的作用

在实际中有很多和解型冲突是通过第三方的介入才得到解决的，并且这似乎已成了一种司空见惯的形式。例如我国的人民调解工作就是在第三方（调解员）的介入下，成功地缓和、化解群众纠纷、冲突的一种制度。据统计，仅在上海市就有一万多个调解组织，活跃着一万多名调解员充当"老娘舅"，在 2013 年至 2018 年，各类人民调解组织调解民间纠纷累计达 151 万件，调解成功率 93.8%。

著名的浙江"枫桥经验"就是依靠民间各类调解组织的调解工作，化解民间各种纠纷，做到"小事不出村，大事不出镇，矛盾不上交，就地化解矛盾"，有力地维护了社会的稳定，促进了当地经济的发展。

在国际上，通过第三方的介入来调解国际冲突，也是经常见到的形式。例如多年来国际社会对巴以冲突的调解，对伊朗核问题、朝鲜半岛核问题、叙利亚问题的调解，以及历史上联合国和国际社会对非洲大湖地区冲突的调解，对厄瓜多尔与秘鲁两国边境冲突的调解等，都是在第三方的介入下试图解决冲突的实例。第二次世界大战后诞生的联合国实际上就是专门调解国际争端、促进和平发展的一个国际组织。

这种冲突之所以常常需要第三方介入是有一定道理的，一种情况下由于双方出于自尊的考虑，为了维护自己的面子，从自身既得利益出发，互不让步，处于"顶牛"状态。这时若第三方介入作调解就容易打破僵局，同时也不伤及各方的自尊心，给各方一个下台阶的机会。第二是由于"当局者迷，旁观者清"。冲突双方有时候会感情用事，甚至丧失理性，看不清问题的本质，而第三方由于没有相关的利害关系牵涉（这是对第三方的角色要求），能够站在客观的、公正的立场上，看清问题的本质，若介入进去对各方进行疏导，晓之以理，动之以情，往往能使他们幡然悔悟，及时化解冲突。

需要指出的是，在介入冲突中，作为第三方，不应偏袒冲突中的任何一方，他应站在客观的、公正的立场上，对冲突双方起牵线搭桥和调解作用。第三方不应当和其中任何一方有相关的利害关系。

国家强制机关的介入，法院的判决、裁决，也是第三方介入解决冲突的一种方式。当然，这是一种带有强制性的过程，是借助于外力的干预来强行中止、解决冲突的一种方式。然而，它又是维持社会正常秩序所必需的。

众所周知，由于各种原因，有时候人们之间的利益冲突非但得不到解决，反而变本加厉地发展，以至转变为恶性的、对抗性的冲突，给社会正常秩序带来极大的破坏作用。这就需要国家权威机关的及时介入和强制手段的运用，通过运用法律武器，来及时制止、中止这种冲突，防止其恶性演变，防止其失控，从而减少社会的损失。显然，这是社会通过自身力量防止冲突失控的一种自行调节功能，体现了国家的一种社会职能，是社会文明、进步的表现。

事实上，对于在实际生活中常常处于不平等地位的冲突双方来说，弱小的一方也需要借助于法律武器，通过国家权威机关的裁定、判决来主持公道，维护自己的合法权益，免受他人侵犯。近年来我国出现的一些"民告官"，小股民状告上市公司大股东，消费者状告商家等大量事例，就是弱小的一方借助于法律武器的运用，来维护自己合法权益的例证。这种利益冲突的解决方式带有强制性的特点，同时也体现了法律的公正性和严肃性。

四、"游戏规则"

在人们的社会交往活动中，订立"游戏规则"是减少、避免冲突的一种有效方法和途径。若没有"游戏规则"，势必造成混乱、不公正和纠纷、冲突迭起。例如20世纪90年代上海出现的"空调热"引发的纠纷不少，其中一个重要原因就是"无章可循"。有的店家把空调器装得过低，影响路人行走，且机器喷出的灼浪袭人；有的居民把空调器安装得离邻居家门窗太近，影响别人。为此，上海市政府在1998年出台了《上海市空调设备安装使用管理规定》，规范了人们这方面的行为。大家照章办事，以后这方面的纠纷、冲突就明显减少了。

互联网上的"网上消费"刚开始时，纠纷也不少。常常有消费者责怪网站、商家不守信用，自身权益得不到保障，而网站则"有苦难言"。之所以造成纠纷不断，其中一个重要原因就是无法可依，没有制定相应的专门法律、法规来明确消费者、网站、商家三者之间的责、权、利关系，也就是三者之间还没有建立"游戏规则"。随着电子商务一系列法规的出台，第三方支付平台的搭建，网络支付的逐渐规范，这方面的纠纷、冲突就明显减少了。

制定"游戏规则"有助于减少纠纷、避免冲突，当然这些"游戏规则"，或者说法则、规定应当建立在公平、合理的基础上，建立在维护每个当事人合法权益的基础上，它的目的就是规范人们的社会行为，建立起人与人之间社会交往的正常秩序。

制定规则、法则来规范民事活动，规范人们的社会交往行为，这是现代法治国家普遍采取的做法。随着人们社会实践和交往活动的发展，制定的规则、法则也越来越繁琐，越来越细密。这似乎成了现代法治国家普遍的发展趋势。例如在美国有所谓治理社区的"皮毛法律"，对社区泊车、车辆行驶、住宅门前卫生、绿化、宠物狗饲养、噪音治理等都有细则规定。在德国有住宅"阳台守则"以及处理邻里纠纷的各种规则。在英国有关于果树枝延伸到邻居家如何处理的规定，有保护居民住宅采光权的法规等。制定公正、合理的规则来规范人们的社会交往行为，有利于减少、避免人际关系冲突，有利于保护当事人的合法权益。人们之间交往按规则办事，就不会妨碍、影响别人，彼此可以相安无事，这有利于营造和谐、稳定的社会环境。

在人们的交往活动中订立双边契约、合同、协议，也有助于减少、避免冲突，如商品房预售合同、租赁合同、旅游协议、经济合同等。各种合同、协议都是双方当事人对相互之间权利和义务的一种承诺，作为当事人因受合同、协议的约束，有履行合同、协议的义务，这就可以避免产生很多不必要的纠纷。当然，这些合同、协议也必须建立在公平、合理、合法的基础上。

五、文明与冲突

人类文明包括物质文明和精神文明两个方面。一般来说，这两种文明的发展与人类自身之间的利益冲突成反向关系，也就是说，随着人类两个文明的不断进步、发展，人类自身之间的利益冲突也呈减少、缓和趋势；反之，人类社会处在落后、愚昧时期，冲突也较频繁、尖锐。

毋庸讳言，人们之间的利益冲突有很多是由于不正确对待个人利益、侵占他人利益而引起的。因此，提高人们的精神文明素质，增强道德自律意识和法制意识，无疑是防止和减少冲突，促进人们之间和谐、合作的一条根本途径和方法。而物质文明的提高也为减少、缓解人们之间的利益冲突创造了条件。在人类社会的历史进程中，物质生活条件的匮乏、贫困以及两极分化的扩大总是与内乱和冲突联系在一起的，并且两者之间形成了恶性循环。正如江泽民同志曾指出的，"历史的经验证明，贫困往往成为一个国家、一个地区政治动荡和社会不稳定的重要根源。如果不能逐步消除贫困，一个国家就难以长期保持社会稳定；没有稳定，根本谈不上经济和社会发展。"[20]当今世界一些国家和地区的冲突和动乱不断，贫穷和不发达也是其中一个重要原因。而西方一些发达国家国内社会问题的普遍缓和在很大程度上也得益于科技的进步和生产力的发达，使其有条件普遍改善人们的物质文化生活状况和提供较为发达的社会保障系统。

我国在建设有中国特色的社会主义中，在发展经济、全面推进现代化的征程中，始终把消除贫困、保障和改善民生作为一项基本任务。"十三五"规划明确提出，到 2020 年我国现行标准下农村贫困人口实现脱贫，贫困县全部摘帽，解决区域性整体贫困，全面建成小康社会。"消除贫困、改善民生、逐步实现共同富裕，是社会主义的本质要求"，[21]同时也是促进我国社会和谐稳定、国家长治久安的根本大计。

我国自 1978 年改革开放以来，国民经济保持持续快速健康发展，社会生产力、综合国力大大提高，这就为化解人民内部各种利益冲突提供了坚实的物质基础。在发展经济的同时，政府又采取了一系列保障、改善民生的措施，进行社会综合治理，进一步促进了社会的和谐稳定，为我国各项事业的顺利发展创造了良好的条件。

20. 摘自江泽民 1999 年 6 月 9 日在中央扶贫开发工作会议上的讲话。
21. 习近平：《坚持精准扶贫、精准脱贫、坚决打赢脱贫攻坚战》，《习近平谈治国理政》第二卷，北京外文出版社 2017 年版，第 83 页。

第六章 结 语

一、冲突区分的相对性

以上我们对各类冲突的性质、特点及解决方法作了探讨，从中可以看出协调型、兼顾型、排除型与和解型这四种类型冲突的明显区别。冲突本质上是事物之间的相反作用。协调型冲突——"瓶颈"制约作用，兼顾型冲突——要求兼顾的局部相反作用，排除型冲突——不相容的相反作用，和解型冲突——人类本身各主体发展之间非根本对立的相反作用。

这四种冲突的区分是基于对各种冲突的双方处置要求的不同（或者协调，或者兼顾，或者排除，或者和解），而它们的处置方式、解决要求之所以不同，是因为冲突性质、特点的不同。

协调型、兼顾型、排除型这三种类型冲突都是相对于单个冲突主体而言的，是单个冲突主体在其行为、活动过程中发生的冲突，而和解型冲突是相对于两个不同的冲突主体而言的（两个独立的、平等的主体，且双方都有存在和发展的正当性），是直接发生在人类自身中的非根本对立的冲突。

当然，这四种冲突的区分又是相对的。这种相对性表现在两个方面：一是指它的可变性，二是指冲突之间相互渗透、相互包含。

任何一种冲突都不是僵死不变的，而是处在动态变化中的，在一定条件下冲突的性质也会改变。例如人们之间的利益冲突处理得不好，会转化成恶性的、对抗性的冲突，人民内部矛盾也会转化成敌我矛盾。

在自然界中，生物通过解决自身生存与环境的冲突来适应环境，但若环境剧变，以至根本不适合生物生存了，那么这时生物与环境的冲突就转变成根本排斥、根本对立的冲突了。众所周知，中生代末期恐龙的灭绝，就是由于其不适应急剧变化了的环境而遭淘汰的。

前面提到的人们在多项选择中发生的冲突，如看电视与学习的冲突，一般来说，人们通过时间安排，两者是能够兼得的。但若在特定的时间段内，只能作一种选择，那么只能"舍鱼而取熊掌"，排除其他选项了。

客观实际中存在的冲突是变化的，一种冲突解决了，往往另一种冲突又产生了。抗生素的发现和应用拯救了无数人的生命，为人类抵抗疾病作出了贡献，但抗生素的滥用又引发了"超级细菌"的耐药问题，对人类健康形成了新的威胁。共享单车在解决人们短距离出行，提供快捷、便利的同时，却又产生了无序投放、乱停放的问题，影响了城市交通、生态环境，需要人们进一步加强治理。餐饮、酒店等一次性日用品（筷子、牙刷、牙膏、香皂等）的广泛使用，在给人们的生活带来便捷的同时，又产生资源的大量浪费，这与人们要求低碳生活、保护生态环境、节约资源的理念发生冲突，这又迫使人们采取限制措施，严控酒店宾馆、餐饮等场所一次性日用品的使用……

在实际中，各种冲突常常交织在一起，相互渗透、相互包含，同一对象之间往往可以发生多种类型的冲突。如工业与农业两个经济部门既存在着相互依存、互为条件的关系，又由于各有相对独立发展的需求，在社会资源分配上存在着"此多彼少"的相反作用，因此，在它们之间既会出现发展不平衡、不协调的冲突（协调型冲突），又存在着兼顾型冲突。

中央和地方之间也会发生多种类型的冲突。就中央和地方作为一个统一的整体来说，中央各项决策需要地方的配合、贯彻，两者步调要协调一致，但由于受到各种因素的影响，它们之间总会出现发展变化不平衡、不协调的情况。中央和地方又是两个利益主体，需要发挥两个积极性，他们之间也会发生利益冲突。两者之间的辩证统一关系必须正确对待，双方的发展要统筹兼顾，这又涉及处理兼顾型冲突。中央和地方的冲突有时还交织着全局观念与本位主义、是与非的冲突，个别情况下甚至是前进与倒退、正义与邪恶、改革与保守、统一与分裂等两种立场、两种势力的较量。

总之，实际中存在的各种冲突常常交织在一起，相互渗透、相互包含，需要具体情况具体分析。对不同性质的冲突要采用不同的方式、方法去解决。对事物之间存在的多种类型的冲突，就要采用多种相适合的方式、方法去解决。

二、冲突与文明进程

了解了冲突的性质、特点、变化规律后，就可以从根本上解释人类的各种行为、活动，就可以知晓人类文明发展的一般规律和发展趋势。

广义的冲突是引起事物发展变化的根源，也是导致人类各种行为、活动的根源。人类的各种行为、活动说到底都是由一定的冲突引起的，也是试图克服、解决冲突的各种实践活动。

在实际生活中，我们找不到一种变化不是由一定的冲突引起的。比如一个人感到肚子饿，就要吃东西。"吃东西"就是一个变化。为什么要吃东西？因为他感到肚子饿，要解决自身身体需求与食物营养、能量供给的不平衡，"肚子饿""饿得难受"正是这种冲突的反映，由此导致了他要吃东西。

今天天气冷了，就要多穿衣服。"多穿衣服"也是一个变化，这是要解决人与外界气候环境的不适应、不协调的冲突，人在生理上必须适应外界生存环境。

人的认识发展也与冲突有关。客观外界的发展变化有它固有的因果规律，人们只有认识它的因果规律性，按客观规律办事，才能取得行动的成功，才能在实践中达到预期的目的。然而人们并不是一下子就能认识到了客观外界的规律性的，在没有认识的时候，行动就难免限于盲目性，难免会在实践中遭受挫折、失败。挫折、失败就是一种冲突的表现，它表明了实践的结果与人们预期的目标不一致，两者发生了冲突，主观与客观外界发生了冲突。这种冲突推动了人们去探索客观外界的发展变化规律性。人们通过寻找、分析失败的原因，通过反复比较、探索、认识、实践，才逐步认识和掌握了客观外界发展变化的规律性。

各种科技发明、人类各种文明的诞生也与冲突有关。众所周知，各种发明创造、各种文明都是适应人们的社会需求而产生的，而需求的提出本身就是一种冲突的反映，它表明人们在某些需求方面出现了"空缺"，出现了不平衡、不协调，这些发明、文明的诞生正是克服、解决这些不平衡、不协调的产物。

纵观人类社会文明发展史，尽管世界各国、各地区文明千姿百态，各有特色，但都有共同的东西，都受共同的冲突变化规律所决定。比如，各民族都有自己的语言，为什么会有语言？这是因为人们在生产劳动和社会交往中需要交流思想、传递信息、协调行动，由此产生了一种客观需要，语言正是适应这种客观需要产生和发展起来的。每幢建筑物、住宅都有门窗，世界各国的住宅建筑概莫能外。为什么要有门窗？门是为了人们进出的需要（当然、还有安全、挡风等需要），窗是为了透光、透气的需要，这是门、窗存在的最基本依据，人们正是在解决建筑物、住宅使用过程中与人的客观需要的冲突中发明了门和窗。每条街道、马路都有自己的名字，以示区别。一个小镇若只有一两条路，起名称也许还不十分必要，但若一个市镇有好多条道路，特别是规模较大的市镇，道路纵横交错，那么起名称就是绝对必要的了。据说科特迪瓦原首都阿比让在 20 世纪 90 年代初还没有给马路、街道取名字，这给人们找路、生活带来了莫大的困难。不但一般人为找路团团转，就连当地的警察和消防队员也经常如堕雾里。这种不方便、麻烦终将迫使人们去解决冲突。果然，1995 年阿比让政府为方便提供电子、通讯和邮政服务，终于给大街小巷起了名。

每一种科学技术发明、每一种文明在刚诞生时几乎都是不成熟、不完美的，它们适应社会需求也是相对的。随着人们社会实践和需求的不断发展，它们与人们的需求又会出现不相协调、不相适应的状况。这种不协调、不适应往往是通过各种问题、缺陷表现出来的，这种问题、缺陷将迫使人们做出进一步的改进、完善，以使它们更适合人们的需求。例如电视机发明后，人们在使用过程中感到不方便，这就促使遥控器的发明。1946 年世界上第一台电子计算机诞生时，体积庞大，共用了真空管 1.8 万只，重达 30 多吨，且运算效率低。这与人们要求高效、简便、低成本的需求发生着冲突。随着社会生产和实践的发展，人们对计算机技术的要求越来越高，需求越来越大，这种冲突也日益突出，迫使人们对它做进一步的改进、完善。经过人们不懈的努力，现在的电子计算机已由当初笨重的电子管计算机发展到大规模集成电路计算机、超级计算机，运算速度快得让人难以想象，而且普遍都体积小、重量轻、成本低、性能高，符合人们多种多样的需求。

人们日常生活中经常使用的自行车，也是在克服和解决一系列问题、冲突中发展、完善起来的。最初发明的自行车是用木头做的（18世纪末由法国人西夫拉克发明），结构很简单，既没有驱动装置，也没有转向装置，骑车人靠双脚蹬地前行，改变方向时只能下车搬动车子。可想而知，这种车在实际使用过程中碰到很多困难，这些困难、问题推动着人们去改进它。1817年，德国人德莱斯发明了带车把的自行车，能够控制、改变方向。1839年，英国人麦克米伦发明了蹬踏式脚蹬驱动自行车，骑车时两足不用蹬地，提高了行驶速度。以后，人们又进行了一系列的改进，车架改由钢管制作，车轮也改为钢圈和辐条，使自行车更加耐用、轻便。1886年，英国机械工程师斯塔利设计出了新的自行车样式，装上前叉和车闸，前后轮大小相同，以保持平衡，并用钢管制成了菱形车架，还首先使用了橡胶车轮。1887年，英国人劳森完成了链条驱动自行车的设计。同年，英国人邓鲁普研制了充气轮胎。自此，自行车的模样已与今天的自行车基本一致了。从自行车的发展史可以看出，正是早期自行车在实际使用过程中碰到的各种问题（如不牢靠、不耐用、不方便、不能灵活地把控骑车方向、不安全、不舒适、不美观、效率低等），推动着人们去改进它，而自行车的演变也正是朝着克服、解决这些问题、冲突的方向发展的。

当然，每一种科技发明的产生、发展和完善还需要相关社会生产力和物质技术条件的成熟，需要发明家个人的努力，但推动它们产生、发展和完善的驱动力，归根到底是人们的社会实践和需求的冲突（通过各种问题表现出来），这种冲突的产生和不断解决，还决定了它们发展的一般方向。

不仅是科技发明，人们在商品交换、买卖中经常使用的货币，也是在克服和解决一系列问题、冲突中产生、发展和完善起来的。众所周知，在没有货币的古代早期，人们交换商品是直接的物物交换。物物交换缺乏公允的价值标准，而且不能适合每个人的需要，它不久便被一般等价物作为媒介的商品交换取代了。这种一般等价物已经具有了货币的性质和功能。早先允当实物货币的有牲畜、米、布帛、海贝、烟草、金属等，这些实物货币显然不便于分割、贮藏、携带，而且普遍价值量小。随着商品经济的发展，它们给人们交易带来的麻烦可想而知。不久，这些实物货币就被金、银等贵金属货币取代了。由贵金属充当货币以后，商品经济有了很大的发展，大宗商品交易、远距离交易也可以进行了。但随着商品经济日益发展，商品交易的频繁和规模的扩大，贵金属货币所带来的各种问题也日益突出，聪明的人类终于想到了纸币。事实上，货币本质上只是一种交换媒介，一种信用凭证，拥有货币就是拥有购买相应价值商品的权利。因此，只要有足够的信用凭证，那么货币的具体形态并不一定要用实物、贵金属来充当。而国家的信用和强制力能够提供这种信用保证。因此，国家通过中央银行发行的纸币完全可以充当商品交换中的货币媒介。

纸币的流通和应用无疑是适应了商品经济进一步发展的需要，但纸币在使用和流通过程中又出现了各种问题。一是防伪问题。纸币流行后，假币制造业也随之悄然兴起，各国政府除了进行严厉的打击之外，又加紧研究防伪技术，采用了包括水印、三维图案、全息摄像技术和多种隐秘暗记等，增加了伪钞仿制的难度。二是使用中出现的各种问题。适应需求，纸币又衍生出了多种形态。除了现钞，还有存款货币、银行支票、电子货币等。交易形式除了现金交易之外，还有资金转账、电子支付等。这些信用货币及交易形式适应了现代商品经济发展的需要，弥补了单纯纸币在流通中存在的缺点和不足，进一步满足了人们在资金使用上对安全、高效、便捷的需求。三是防通胀问题。纸币诞生后，通胀问题也随之而生。货币的供应量必须与商品流通所需的货币流通量相适应、相一致。纸币发行过度，超越了客观需求量，就会引起货币贬值，甚至引起恶性通货膨胀，破坏经济。这就需要政府加强宏观调控，控制货币投放量，保持币值的相对稳定，从而为稳定、发展经济和改善民生创造条件。

总之，各种文明、各种科技发明都是在克服、解决问题、冲突中产生、发展和完善起来的，通过解决各种问题、冲突，来实现和满足人们多种多样的需求。

人们在追求、实现需求时又总喜欢尽善尽美，提出尽可能高的目标，甚至追求极限目标。这或许是人性使然。然而遗憾的是，人们越朝极限目标努力，越会得不偿失。且不说目标本身的实现总是受到各种相关条件、因素的制约，人们只能在给定的条件下追求目标的相对最佳，而且这种目标的极限追求往往还会"异化"，产生出越来越大的负面作用。比如，人们在追求美味佳肴、享受文明富裕生活时，却得了"富贵病"；在追求办公室自动化时，却得了"办公室综合症"。现代科技的进步让人类的生活活动和各种工作越来越节省劳动力，于是在安逸、休闲之中人类渐渐变得懒惰，懒惰使得越来越多的人变得痴肥、多病和弱不禁风。

西方发达国家在追求"从摇篮到坟墓"的社会福利制度时，却出现了"懒汉"现象、生产效率的下降和国家财政不堪负担的弊病。长期以来，人们在追求经济高增长时，往往牺牲了环境的质量，造成了资源的极度消耗，乃至地球生态环境的严重恶化。总之，人们一方面在追求着目标的尽善尽美，另一方面又不断地受到追求这种目标带来的负面干扰。

面对这种情况，人们又不得不腾出手来对付这种干扰，不得不在多种目标追求（多种需求）中寻求兼顾和平衡点。比如，人们不得不在发展生产与保护生态环境两方面寻求平衡和统一，不得不在追求效率与公平两方面寻求平衡和统一，不得不在城市发展与保护历史文化传统两方面寻求平衡和统一，不得不在追求"口福"、富裕生活与健身、健美两方面寻求平衡和统一……

而当今很多新概念、新事物的出现，实际上也就是这种追求平衡和统一的产物，如"可持续发展战略""科学发展观""高质量发展""绿色消费""绿色包装""绿色产品""循环经济"……

如此看来，人类文明发展存在着这样两种发展趋势，一种是人们通过不断解决协调型冲突，促使各种发明创造、各种文明产生、发展和完善，越来越符合人们多种多样的需求；另一方面又不得不对付由此产生的干扰，不得不在互相冲突的目标追求之间寻求兼顾和平衡点，处理各种兼顾型冲突。这两种发展趋势将在人类社会发展中长期存在。当然，这里也有个由低水平到高水平的发展过程，其内容和表现形式也是发展变化的。

人类文明在发展过程中还必须克服各种阻力，同各种各样的破坏势力进行斗争。排除这些阻力，人类社会才能更好地前进。除了根深蒂固的各种旧习惯、旧势力、旧观念，各种屡禁不绝的犯罪行为之外，人类在前进道路上还会遇到由于在发展中不能正确对待、应用各种文明成果而产生的新问题、新阻力。比如，当今互联网的应用引起了信息传播和利用的革命，但它在给人类社会带来巨大实惠的同时，也滋生出所谓的电脑病毒、电脑黑客，给社会信息化投下了阴影。在网络上造谣行骗、散布暴力、色情信息、虚假信息以及人身攻击、侵犯个人隐私权等不规范行为、违法行为也令社会不安。生物基因技术在给人类疾病防治、身心保健、延年益寿等方面带来了革命性变化的同时，又可能产生出基因歧视、"基因殖民主义"等基因技术的不正确利用、有害利用。经济全球化在给一个国家发展经济带来机遇时，也会冲击一个国家的经济、政治、民族文化传统，带来一些糟粕和有害的东西，同时一些国家单边主义、保护主义抬头……

总之，人类文明进程中出现的各种问题和阻力，对人们的社会利益、发展利益都是相抵触、相冲突的，对之都应克服之、排除之。人类每天都在进行着这方面的斗争。我们看到，人类社会中有很多行为、活动（主要是指政府行为、活动，当然这里也需要人民群众的积极参与），以及很多机构组织和制度（如监狱、法庭等国家机器以及一些法律、社会制度等）都是围绕着对各种排除型冲突的处置、解决而建立和实施的。

人类在文明进程中还必须不断克服由于利益纷争等引起的自身内部不和。人类自身的不和，甚至发生相互残杀或战争是人类社会的不幸，而相互之间保持和谐、合作是人类的福祉，是人类社会兴旺发达的助推器，是人类的共同追求。著名经济学家厉以宁指出，和解产生效率。我国人民自古就奉行"和为贵"的思想，崇尚建立和谐的人际关系。然而，由于人生观、价值观、信仰的不同，由于利益的追逐，人们之间总会发生这样或那样的碰撞、冲突。在当今世界上，国家之间、地区之间、民族之间，围绕领土、主权、贸易、资源、环境、宗教、信仰、价值观等问题引起的纷争也从未停歇过，有的甚至演化成暴力的、流血的冲突。尽管如此，人类从未放弃过对和谐、合作的追求。要求和平发展、合作共赢是当今世界上大多数人认同的原则和选择，是世界发展不可阻挡的潮流。

习近平主席提出的"构建人类命运共同体"的思想，就充分表达了人们对和谐、合作世界的追求。他指出："当今世界，各国相互依存、休戚与共。我们要继承和弘扬联合国宪章的宗旨和原则，构建以合作共赢为核心的新型国际关系，打造人类命运共同体。"[22]

当前世界正处于大发展、大调整时期，世界多极化、经济全球化向深入发展，但和平与发展仍然是时代主题。回顾历史，人类在克服自身不和，走向和谐、合作、进步的道路上已经取得了巨大的进展。随着人类物质文明和精神文明的不断进步，随着人类主体意识和民主进程的发展，可以相信，世界上大多数人主宰历史命运的时代必将会到来，人类一定会以更加理性的态度来对待自身内部的利益纷争与不和，妥善处置各种冲突，共同建设和谐、合作、美好的世界！

总之，人类社会就是在处置和解决各种冲突中前进和发展的。通过解决各种冲突，促使各项科学技术发明、各种文明产生、发展和完善，促使人类各项事业不断发展、进步。

从直观的维度看，人类社会中各种冲突往往又以问题的形式展现在我们面前，如各种发展不平衡、不协调、不充分的问题，要求兼顾的"两难"问题，各种各样的敌对性事物、有害事物、弊大于利的事物，以及人类自身的和谐相处问题等，因此，也可以说人类文明是在不断克服和解决问题中向前发展的。

冲突本质上是事物之间的相反作用。广义的冲突在客观世界中是普遍存在的。在非生命的自然界，冲突的变化无非

22. 习近平：《携手构建合作共赢新伙伴，同心打造人类命运共同体》《习近平谈治国理政》第二卷，外文出版社 2017 年版，第 522 页。

是一种自然平衡（两种相反作用的平衡）。而在生命界，由于
有生命主体的主动性参与和选择，冲突也就衍生出多种类型，
特别是在人类社会中，由于有人的意识活动的参与和社会运
动本身的复杂性、多样性和特殊性，更使冲突具有本质不同
的特点，也使冲突具备了完整的四种形态，即协调型冲突、
兼顾型冲突、排除型冲突与和解型冲突。

前面我们已经指出，发展了的矛盾概念，或者说广义的
矛盾概念，与广义的冲突是同等的概念。因此，人类社会中
存在的这四种类型冲突，实际上也就是四种类型的矛盾，即
协调型矛盾、兼顾型矛盾、排除型矛盾与和解型矛盾。

冲突是客观存在的，冲突的变化规律也是客观存在的。
客观世界的根本奥秘之一，就是它的冲突变化规律。无论在
自然界，还是在人类社会中，冲突变化都展现了它固有的规
律性。"上帝没有藏书馆。"自然界的发展变化规律就隐藏在
其本身的发展变化之中。只要有相同的条件和相同的因素相
互作用，那么物理的、化学的、机械的变化规律就会重复、
再现。同样，我敢断言，在宇宙世界中只要出现如生物界、
高智商的人类和社会群体运动这样的条件，生命冲突、社会
冲突发展变化的一般规律也会重复、再现。在宇宙世界中，
冲突也是永存的，冲突发展变化的一般规律也是永存的。

后 记

这本小册子的部分内容曾以《冲突论》的书名出版过（学林出版社，2002 年 8 月版）。出版后，总感觉有些地方没有讲清楚，这主要表现在冲突与矛盾、矛盾与对立统一概念之间的关系上。这些方面、问题不断促使我进一步深入学习和思考。

在以后的十多年里，通过学习和探索，我对一些问题有了更深入的认识，特别是在冲突与矛盾、矛盾与对立统一概念之间关系上的认识有了突破，逐步厘清了头绪，搞清了矛盾概念的演变、发展过程。我认识到"矛盾"是一个发展的概念。早先的矛盾概念是与对立统一概念融合在一起的，矛盾概念也就是对立统一概念。随着人们社会实践和认识的发展，现在人们认识的矛盾范围扩大了，矛盾不只是指相反的东西、两极的东西，不只是发生在事物内部或统一体内部，事物之间也会发生矛盾。事物之间发生的相互抵触、相互冲突是矛盾，事物发展不协调、不平衡、不充分也是矛盾。显然，这种矛盾概念的含义已经超出了原来对立统一的范畴。发展了的矛盾概念，或者说广义的矛盾概念，实际上也就是指事物之间的相互冲突、相反作用，这种矛盾概念与本书探讨的广义冲突是同等的概念。

在原书中，为了讲清楚冲突与矛盾的关系，我把矛盾区分为第一种矛盾（对立统一概念所指的矛盾）与第二种矛盾（现实生活中发生的各种具体矛盾），认为第二种矛盾才是与冲突（指广义的冲突）同等的概念。把矛盾这样划分，现在看来显然是欠妥的，这样做非但没有讲清冲突与矛盾的关系，反而把矛盾概念搅浑了，似乎有否定传统矛盾理论之嫌。在现在这本新书中，我把"矛盾"看成是一个发展的概念，指出了当今矛盾概念与对立统一概念的联系与区别，并且把冲突、矛盾、对立统一概念三者统一起来，基本理顺了三者之间的关系。当然，这些认识、看法是否妥当、正确，有待于实践的检验和人们的认可，也期待人们对此进行深入研究、探讨。

原书中有些内容、例证由于时势变化也显得有些不适合了，我也做了删改、调整，同时根据内容拓展的需要，又增加了较多新的章节内容，可以说是重写了这本书。

本书从探讨广义冲突的性质、特点和变化机制入手，试图来阐述万事万物发展变化的动因，阐述人类文明发展的一般规律和发展趋势。由于涉及的主题宏大，而本人的学识水平和研判能力有限，书中难免存在不妥或错误之处，恳请读者批评指正。对于书中不揣浅陋大胆提出的一些观点、看法，也真诚希望得到专家的指教。

2019 年 10 月 22 日